Editorial

JOACHIM TELGENBÜSCHER
Redaktionsleiter von GEO EPOCHE

Liebe Leserin, lieber Leser

Es gibt historische Persönlichkeiten, auf die stößt man irgendwann in der Schule oder in einem Buch, und es gibt jene, die gefühlt schon immer in unserem Kopf waren. Kleopatra ist so eine. Ich kann mich jedenfalls nicht erinnern, wann ich zum ersten Mal von der letzten Pharaonin gehört habe. War es in einem Comic? Vielleicht.

Keine Frage: Kleopatra übt auch mehr als 2000 Jahre nach ihrem Tod eine ungebrochene Anziehungskraft aus, und es fällt schwer, eine andere Frau zu finden, der ein derart langer kultureller Nachruhm beschieden gewesen ist – von den Gemälden des 19. Jahrhunderts über die Filme des 20. Jahrhunderts bis zu den TV-Serien unserer Tage. Kleopatra ist ebenso zeitlos wie faszinierend. Und auch wenn sich jede Epoche ihr eigenes Bild von ihr macht, scheint William Shakespeare Recht behalten zu haben; die Worte über die Pharaonin, die er einst in einem seiner Dramen geschrieben hat, gelten noch immer: „Alter kann sie nicht verwelken, noch Gewohnheit ihre unendliche Vielfalt schal machen."

Doch es sind gerade die scheinbar vertrauten, allgegenwärtigen Gestalten wie Kleopatra, die einen genauen Blick verdienen. Gerade weil sie von Legenden umrankt – oder besser: überwuchert – sind, müssen wir uns umso mehr bemühen, das Dickicht der Mythen zu lichten und so nah wie möglich zur historischen Wahrheit vorzudringen. Dieses Heft ist der Versuch, dies zu tun.

Wenn man sich Kleopatra auf solche Weise nähert, schmälert man nicht den Reiz ihrer Lebensgeschichte, man zertrümmert nur einige Klischees. Da ist etwa ihre Darstellung als archetypische Pharaonin, als ägyptischste Ägypterin von allen. Sicher, Kleopatra hat sich bewusst in die lange Herrschaftstradition des Nillandes gestellt, aber sie entstammte einer griechisch-makedonischen Dynastie, gegründet von einem Gefolgsmann Alexanders des Großen: den Ptolemäern. Im Grunde eine Familie von Emporkömmlingen.

Nichts verdeutlicht das so gut, wie ein amüsanter Fakt, der immer mal wieder durch die sozialen Medien geistert: Als Kleopatra im Jahr 51 v. Chr. den Thron bestieg, da waren die großen Pyramiden von Gizeh schon rund 2500 Jahre alt. Damit war sie – zeitlich gesehen – der Erfindung des iPhones näher als dem Bau dieser legendären Grabmäler.

Und dann ist da noch ihre angebliche Schönheit. Die vielen Worte, die darüber im Laufe der Jahrhunderte geschrieben worden sind, stehen in keinem Verhältnis zu unserem Wissen über ihr Aussehen. Es ist paradox: Kleopatra hat viele Gesichter und doch keines. Die einzigen zeitgenössischen Darstellungen, die zweifelsfrei ihr Konterfei zeigen, finden sich auf Münzen wie diesem um das Jahr 49 v. Chr. geprägten Exemplar (links) – und sie sind nicht besonders aussagekräftig.

Viel interessanter als die zahlreichen Klischees ist ohnehin der historische Umbruch, in dem sich Kleopatra als Herrscherin zu behaupten versuchte. Eine hochbegabte Machtpolitikerin – das war sie ganz sicher. In jener turbulenten Zeit, als das römische Kaiserreich entstand und das Reich der Pharaonen für immer verschwand.

Ich wünsche Ihnen eine interessante und erkenntnisreiche Lektüre.

KLEOPATRA stammte von einem makedonischen Offizier ab, der einst mit Alexander dem Großen Ägypten unterwarf. Diese Münze zeigt das wohl authentischste Porträt, das von ihr existiert

Herzlich, Ihr

Joachim Telgenbüscher

Alle zwei Monate neu, GEO EPOCHE im Abo:
www.geo-epoche.de/abo

KIND UNRUHIGER ZEITEN
Der Kampf ihres Vaters für die Souveränität des Nilreiches prägt die ptolemäische Königstochter zutiefst. **SEITE 36**

DIE LETZTE PHARAONIN
Mehr als zwei Jahrzehnte regiert Kleopatra Ägypten. Gegen Widrigkeiten führt sie das Land noch einmal zu großer Blüte – und wird dabei zur Legende. **SEITE 6**

CHAOS IN ROM
Als nach der Ermordung Caesars 44 v. Chr. Lagerkämpfe ausbrechen, steht Kleopatra vor schweren Entscheidungen. **SEITE 84**

ALLIANZ UND ROMANZE
Mit dem mächtigen Römer Gaius Iulius Caesar gewinnt Kleopatra 48 v. Chr. einen starken Verbündeten. Und einen Geliebten. **SEITE 48**

EIN NEUER PARTNER
Als Göttin tritt sie auf – und nimmt Roms Mann im Osten, Marcus Antonius, für sich ein. **SEITE 96**

PERLE AM MITTELMEER
Alexandria ist eine der glänzendsten Metropolen der Antike – mit rund 500 000 Einwohnern zu Kleopatras Zeit. SEITE 114

SCHICKSALSKAMPF
31 v. Chr. zieht die Kriegsflotte von Kleopatra und Marcus Antonius in eine Schlacht, bei der es um alles geht. SEITE 132

KÖNIGLICHE NACHFAHRIN
Nach dem Tod ihrer berühmten Mutter steigt Kleopatra Selene zur Herrscherin in Afrika auf. SEITE 146

Nr. 130

Inhalt
Kleopatra

♦ *Die mit diesem Symbol versehenen Beiträge sind links bebildert.*

♦ **KLEOPATRA UND IHRE WELT** Die mächtigste Frau der Antike
Hinter der Legende strahlt eine hochbegabte Politikerin 6

DAS REICH DER PTOLEMÄER Pharaonen aus der Fremde *um 260 v. Chr.*
Eine makedonische Dynastie macht sich Ägypten untertan 22

♦ **JUGEND UND MACHTANTRITT** Lehrjahre einer Königin *69–51 v. Chr.*
Brutal ringt Kleopatras Vater mit Gegenspielern. Sie lernt von ihm 36

♦ **KLEOPATRA UND CAESAR** Ein dynamisches Duo *48 v. Chr.*
Mit der Gunst eines Römers gelingt die Rückkehr auf den Thron 48

ZEITLEISTE Daten und Fakten 71

♦ **ATTENTAT** Ein Mord und seine Folgen *44 v. Chr.*
Die Dolchstöße gegen Caesar wühlen Rom auf – und die Pharaonin 84

♦ **MACHTENTFALTUNG** Die Göttliche und der Feldherr *41 v. Chr.*
An der Seite von Marcus Antonius agiert Kleopatra kühner denn je 96

♦ **ALEXANDRIA** Stadt des Lichts *um 35 v. Chr.*
Wissen und Reichtum lassen die Kapitale der Ptolemäer leuchten 114

♦ **UNTERGANG** Entscheidung bei Actium *31 v. Chr.*
Eine gewaltige Seeschlacht besiegelt das Ende von Kleopatras Reich 132

♦ **KLEOPATRA SELENE** Die vergessene Tochter *29 v. Chr.*
Die Pharaonin ist nicht die letzte Königin ihrer Familie 146

Impressum, Bildnachweise 70
Lesezeichen 83
Werkstatt 160
Vorschau »Bauernkrieg« 162

Sie erreichen die GEO*EPOCHE*-Redaktion
online auf Instagram, Facebook und X oder unter
www.geo.de/epoche

DIE MÄCHTI

MEHR ALS ZWEI JAHRZEHNTE regiert Kleopatra Ägypten. Hinter den oft verzerrenden Zuschreibungen ihrer und späterer Generationen lässt sich ein vielschichtiger Mensch ausmachen: gebildet, charismatisch und klug, zugleich hart und skrupellos, äußerst ehrgeizig und machtbewusst. Eine in vielem typische Herrscherperson jener Zeit – die jedoch zudem ihre Weiblichkeit als besonderes politisches Werkzeug zu nutzen weiß (Gemälde von John William Waterhouse, um 1888)

um 69–30 v. Chr.
Kleopatra und ihre Welt

GSTE FRAU
DER ANTIKE

Um das Jahr 50 v. Chr. besteigt eine junge Angehörige der Ptolemäerdynastie den Pharaonenthron in Ägypten: Kleopatra VII. Es ist eine entscheidende Phase der antiken Geschichte. Die Machtverhältnisse am Mittelmeer haben sich zugunsten des nimmersatten Roms verschoben, das nun auch die Selbstständigkeit des jahrtausendealten ägyptischen Reiches bedroht. Kleopatra gelingt es dennoch, ihren Staat zu einer letzten großen Blüte zu führen – und macht sich dabei zur Legende, mythisch aufgeladen, von den einen verherrlicht, von den anderen verteufelt. Aber lange nicht gesehen als das, was sie vor allem war: eine hochbegabte Politikerin

BILDTEXTE: *Jens-Rainer Berg und Joachim Telgenbüscher*

um 69–30 v. Chr. · Kleopatra und ihre Welt

AUF EINER TERRASSE am Ufer der Nilinsel Philae wird die junge Königin von Dienerinnen umsorgt. Hier haben ihre ptolemäischen Vorfahren – um die eigene Herrschaft in ihrem neuen Reich zu legitimieren – einen Tempel zu Ehren von Isis errichtet. Jener wichtigen ägyptischen Gottheit, als deren Verkörperung sich auch Kleopatra von ihren Untertanen huldigen lässt (Gemälde von Frederick Arthur Bridgman, 1896)

ALTE KULTE,
NEUE PHARAON

Kein Reich jener Zeit blickt auf eine längere Tradition zurück als das ägyptische. Seit etwa 3000 v. Chr. bereits gebieten Pharaonen über das fruchtbare Land am Nil, das eine hoch entwickelte Zivilisation, eine reiche Kultur hervorgebracht hat. Doch die Dynastie, der Kleopatra angehört, hat ihre Ursprünge im fernen, griechisch geprägten Makedonien. Als Erben Alexanders des Großen haben diese Ptolemäer die Herrschaft in Ägypten um 320 v. Chr. übernommen – und dabei zwei Welten miteinander vermählt

KLEOPATRAS HERRSCHERHAUS versteht sich als im Kern griechisch, pflegt aber ebenso Rituale und Vorstellungen der Einheimischen. Nach dem Tod ihres Vaters 51 v. Chr. steht Kleopatra im Alter von 18 Jahren an der Spitze des Reiches und zelebriert kurz darauf einen bedeutenden ägyptischen Kult um einen heiligen Stier, ähnlich dem hier dargestellten. Zeitlebens wird sie beide Kulturen würdigen, zudem ist sie wohl die Erste aus der Ptolemäerdynastie, die die Alltagssprache der Ägypter spricht (Frederick Arthur Bridgman, 1879)

um 69–30 v. Chr. | Kleopatra und ihre Welt

EIN BÜNDNIS

ZWEIER
VERWANDTER GEISTER

Zwischen Alexandria, der Hauptstadt der Ptolemäer, und Rom, der Keimzelle eines Weltreichs, liegt die gewaltige Entfernung von rund 2000 Kilometern, doch im 1. Jahrhundert v. Chr. ist der Einfluss der ehrgeizigen Römer längst auch bis zum Nil vorgedrungen. Wer Ägypten künftig beherrschen will, der muss sich mit ihnen arrangieren. Niemand versteht das besser als Kleopatra VII., die alles daransetzt, den wohl mächtigsten Mann im Imperium für sich zu gewinnen: Gaius Iulius Caesar

DIE ERSTE BEGEGNUNG zwischen Kleopatra und Caesar im Herbst 48 v. Chr. ist von Legenden umrankt. Das Ergebnis indes ist unumstritten: Die beiden schließen eine Allianz, die der Ptolemäerin ihre Krone sichert. In diesem Gemälde von Pietro da Cortona (um 1637) geleitet Caesar die Pharaonin auf ihren Thron (abseits steht ihre Schwester Arsinoe)

um 69–30 v. Chr. Kleopatra und ihre Welt

DER VERGOLDETE AMTSSESSEL ist umgestürzt, der Ermordete liegt im Schatten. 23 Dolchstöße, geführt von römischen Senatoren, setzen Caesars Alleinherrschaft am 15. März 44 v. Chr. ein jähes Ende. Die Verschwörer hoffen, mit ihrer Tat die Republik zu retten. Tatsächlich treiben sie Rom in einen weiteren Bürgerkrieg (Gemälde von Jean-Léon Gérôme, 1867)

DER

Im März 44 v. Chr. weilt Kleopatra VII. wohl schon zum zweiten Mal in Rom, an der Seite ihres Patrons Caesar. Der herrscht mittlerweile als Diktator auf Lebenszeit. Und doch: Einige wenige mörderische Minuten reichen aus, um das Schicksal der ägyptischen Königin radikal zu wenden. Plötzlich findet sie sich in einer bedrohlichen Lage wieder – allein in einer fremden Stadt, ohne mächtigen Vertrauten

SCHOCK
DES VERLUSTES

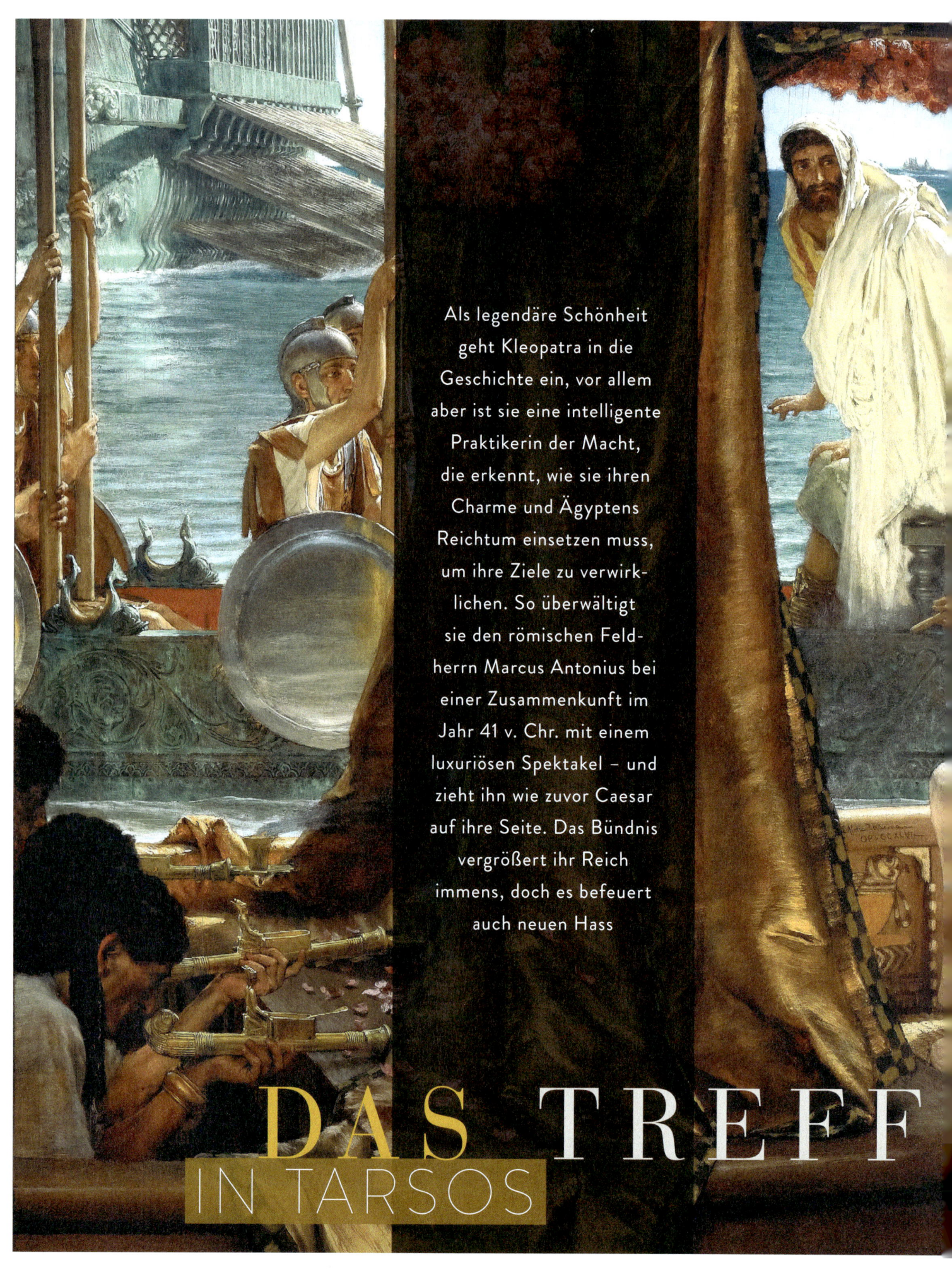

Als legendäre Schönheit geht Kleopatra in die Geschichte ein, vor allem aber ist sie eine intelligente Praktikerin der Macht, die erkennt, wie sie ihren Charme und Ägyptens Reichtum einsetzen muss, um ihre Ziele zu verwirklichen. So überwältigt sie den römischen Feldherrn Marcus Antonius bei einer Zusammenkunft im Jahr 41 v. Chr. mit einem luxuriösen Spektakel – und zieht ihn wie zuvor Caesar auf ihre Seite. Das Bündnis vergrößert ihr Reich immens, doch es befeuert auch neuen Hass

DAS TREFF
IN TARSOS

um 69–30 v. Chr. Kleopatra und ihre Welt

EIN FLÜCHTIGER BLICK nur genügt, dann ist es um Marcus Antonius geschehen. Der niederländisch-britische Maler Lawrence Alma-Tadema zeigt Kleopatra im Jahr 1883 als geheimnisvoll Betörende, der ihr römisches Gegenüber nicht widerstehen kann. Das Bild ist eine historisierende Fantasie – mit einem wahren Kern: Die ägyptische Königin ist eine Meisterin der Selbstinszenierung

um 69–30 v. Chr. | Kleopatra und ihre Welt

ETLICHE HUNDERT SCHIFFE begegnen sich am 2. September 31 v. Chr. im Ionischen Meer nahe Actium. Die Flotte von Marcus Antonius und Kleopatra unterliegt dem übermächtigen Aufgebot Octavians. Doch einen Sieg haben die beiden auch gar nicht geplant: Die Pharaonin und ihr römischer Verbündeter wollen vor allem entkommen, um sich in Alexandria erneut zu sammeln. Unter großen Verlusten gelingt das kühne Manöver – die endgültige Entscheidung ist noch einmal vertagt (frei nachempfundene Darstellung von Lorenzo a Castro, 1672; links das enteilende Schiff Kleopatras)

DUELL

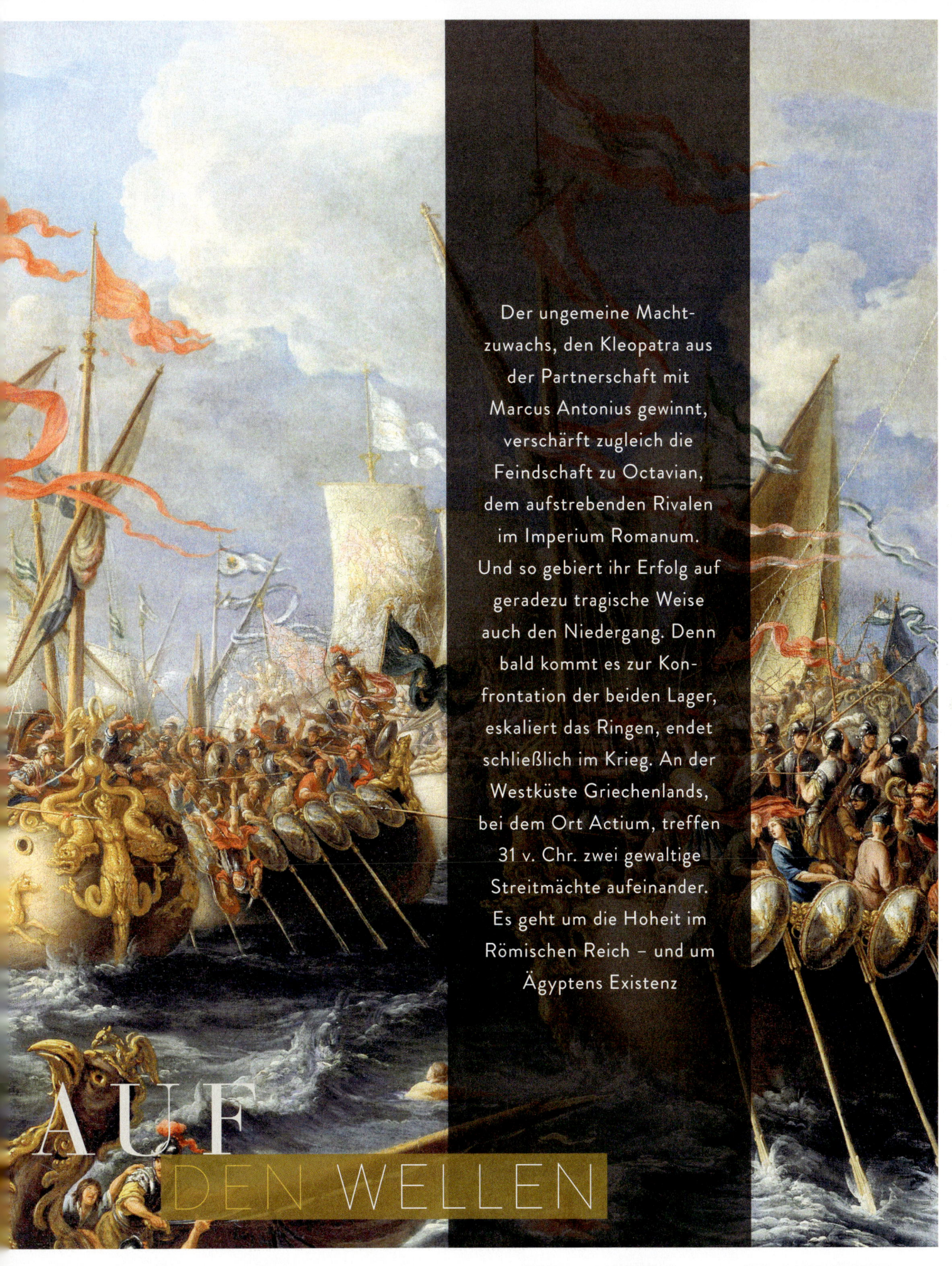

Der ungemeine Machtzuwachs, den Kleopatra aus der Partnerschaft mit Marcus Antonius gewinnt, verschärft zugleich die Feindschaft zu Octavian, dem aufstrebenden Rivalen im Imperium Romanum. Und so gebiert ihr Erfolg auf geradezu tragische Weise auch den Niedergang. Denn bald kommt es zur Konfrontation der beiden Lager, eskaliert das Ringen, endet schließlich im Krieg. An der Westküste Griechenlands, bei dem Ort Actium, treffen 31 v. Chr. zwei gewaltige Streitmächte aufeinander. Es geht um die Hoheit im Römischen Reich – und um Ägyptens Existenz

AUF
DEN WELLEN

OHNE JEDE REGUNG scheint die Herrscherin zu beobachten, wie zum Tode verurteilte Gefangene an einem Gift verenden, das sie für einen möglichen eigenen Freitod an ihnen testet. Sicher: Kleopatra ist rücksichtslos, lässt während ihrer Herrschaft etwa mehrfach Verwandte beseitigen, die ihr gefährlich werden könnten. Doch die Betonung dieses für damalige Herrscher durchaus üblichen Charakterzugs sowie ihre erotisch aufgeladene Pose in diesem Gemälde von Alexandre Cabanel aus dem Jahr 1887 sind typisch für die oft einseitige Erinnerung an die Pharaonin

Das Bild, das von Kleopatra überdauern wird, prägen lange die antiken Geschichtsschreiber aufseiten ihres größten Feindes Octavian. In deren Werken erscheint die Pharaonin als dekadente, niederträchtige Verführerin, die mächtige Römer mit ihren weiblichen Reizen manipuliert und so dem Imperium Schaden zufügt. Später paart sich diese Sicht mit einer Faszination für östliche Exotik. Und so finden sich bis weit in die Moderne hinein viele Darstellungen Kleopatras in Text und Bild, die sie, hochgradig sexualisiert, als Femme fatale zeichnen

DEKADE
GNADENLO

um 69–30 v. Chr. Kleopatra und ihre Welt

NZ UND
SIGKEIT?

um 69–30 v. Chr.   Kleopatra und ihre Welt

IN ALEXANDRIA, ihrer Kapitale und Geburtsstadt, spielen sich die letzten dramatischen Ereignisse von Kleopatras Karriere ab. Sie verschanzt sich in ihrem Mausoleum vor Octavian und lässt vermutlich Marcus Antonius bewusst die Falschinformation zukommen, sie habe sich umgebracht. Ihr Kalkül: den lebensmüden, zur Belastung gewordenen Partner so in den Tod zu treiben. Und tatsächlich stürzt sich der Römer in sein Schwert. Der Legende nach stirbt er, zu Kleopatra (am Fenster) heraufgezogen, in ihren Armen (Gemälde von Eugène Ernest Hillemacher, 1863)

ABSCHIED
VON ALLEM

Dem letzten Ansturm Octavians ist Kleopatra 30 v. Chr. nicht mehr gewachsen. In Alexandria muss sie sich kampflos geschlagen geben. Noch einmal bemüht sie ihr ganzes diplomatisches Geschick, um dem Sieger eine Übereinkunft abzuringen. Doch sie scheitert an der Unnachgiebigkeit des jüngeren Römers, an den neuen Verhältnissen. Es ist, nach einem spektakulären Aufstieg, das Ende ihrer Macht sowie ihres Reiches. Und – in einem Akt der Konsequenz und Selbstbestimmung – auch das Ende ihres Lebens ◊

KLEOPATRAS TOD im Alter von nur 39 Jahren verstärkt die historische Aura der Königin noch. Mit ihm verbindet sich ihre letzte große Inszenierung: Möglicherweise sorgt sie selbst dafür, dass der Biss einer Schlange – eines Tieres, das Macht und Göttlichkeit verkörpert – als Ursache verbreitet wird. Doch höchstwahrscheinlich begeht sie ihren Suizid im Sommer 30 v. Chr. mit einem sorgsam vorbereiteten Gifttrunk und entzieht sich so der demütigenden Realität. Das pharaonische Ägypten ist für immer untergegangen (Gemälde von John Collier, 1890)

um 260 v. Chr.
Das Reich der Ptolemäer

PHA
AUS

PTOLEMAIOS II., wohl ab 283 v. Chr. alleiniger Herrscher am Nil, festigt mit harter Hand und Weitsicht die von seinem Vater begründete Regierung der griechisch-makedonischen Ptolemäer (mögliche Porträtbüste; aus dem antiken Herculaneum, Italien)

PHARAONEN
DER FREMDE

Ägypten ist die Kornkammer der antiken Welt, immer wieder greifen auswärtige Mächte nach dem fruchtbaren Land am Nil – Assyrer, Perser, schließlich der makedonische König Alexander der Große. Als dieser 323 v. Chr. stirbt, schwingt sich einer seiner Gefährten zum Herrscher im Reich der Pharaonen auf. Und begründet die nach ihm benannte Dynastie der Ptolemäer, der dereinst auch Kleopatra angehören wird. Von seinem Sohn fortgeführt, bringt das Herrscherhaus die mehr als drei Jahrtausende alte ägyptische Zivilisation zu einer späten Hochphase: mit einer raffinierten Strategie aus Kontrolle und Annäherung

DER NIL, hier beim heutigen Luxor, gilt als Lebensader Ägyptens. Denn seine Fluten spenden verlässlich Wasser und nährstoffreichen Schlamm, der Jahr für Jahr üppige Ernten garantiert

um 260 v. Chr. | Das Reich der Ptolemäer

D

TEXT: *Svenja Muche*

Dieser Fluss ist Ägypten. Seit Jahrtausenden schon nähren die fruchtbaren, grünen Ufer des Nil eine einzigartige Kultur im Nordosten Afrikas, das Reich der Pharaonen, der Pyramiden und Hieroglyphen, einer stolzen, kunstvollen Tradition. Vom Norden am Delta des Stroms zieht es sich bis zu dessen Mittellauf. Dort, im äußersten Süden des Landes, fließt der Nil vorbei an Felsformationen, umströmt Inseln, die er aus dem umliegenden, weichen Gestein gewaschen hat. Eine dieser Inseln, eingebettet in eine kleine Bucht, ist Philae.

Arbeiter ziehen hier um 260 v. Chr. gewaltige Sandsteinblöcke wohl mithilfe von Seilen und Rampen zu ihrem Bestimmungsort. Sie bauen einen Tempel für Isis, die ägyptische Göttin des Lebens, des Heilens und der Magie. Jahrhundertelang schon huldigen ihr die Menschen auf Philae, doch bisher stand hier zu ihren Ehren kaum mehr als ein kleines Heiligtum. Nun aber lässt Pharao Ptolemaios II. Isis ein neues Haus errichten, einen wuchtigen Bau, der im Inneren eine grandiose Pracht entfalten soll, mit meterhohen Säulen, die in blattförmigen Kapitellen auslaufen, mit leuchtend farbigen Wandbildern. Ein Relief neben dem Zugang zum Allerheiligsten wird bald schon den königlichen Bauherrn zeigen, wie er der Gottheit ein Opfer darbringt: Auf dem Kopf trägt er eine symbolträchtige Krone mit Straußenfedern, Sonnenscheibe und Widdergehörn, sein Körper ist nackt, nur um die Hüften hat er einen Schurz gewickelt, seine Arme sind ehrfurchtsvoll erhoben. Für Ägypter eine vertraute Szene, seit jeher präsentieren sich ihre Herrscher in ähnlicher Weise auf Tempelwänden.

Und doch: Ptolemaios II., Pharao, höchster Priester und nach der Vorstellung der Untertanen Sohn des Gottes Re, ist ein Fremder am Nil.

Denn der Herrscher ist erst der zweite König einer Dynastie, deren Ursprung weit entfernt liegt, jenseits des Mittelmeeres, in Makedonien im nördlichen heutigen Griechenland. Über Umwege ist sein Vater einst an den Nil gekommen, wo dessen Familie auf eine reiche Kultur traf, die lange vor der eigenen Schriftzeichen nutzte, monumentale Bauten errichtete. Auf eine alte, selbstbewusste Zivilisation, in der die „Ptolemäer", so der Name des Geschlechts nach ihrem Stammvater, dennoch die Macht erringen und sie über Jahrhunderte behalten werden.

DIE ÄGYPTER verehren viele Götter. Auch der Fluss (hier im Süden des Landes bei Assuan) ist, samt seiner jährlichen Hochwasser, Teil ihres Pantheons, personifiziert in der Gottheit Hapi

Es ist ein bemerkenswerter Vorgang, der nur mit beträchtlichem Geschick zu erklären ist. Denn um sich als Fremde an der Spitze dieses Landes zu behaupten, reichen Soldaten und eine gute Verwaltung nicht aus. Es bedarf auch einer Strategie, die die Köpfe der Menschen erobert. Die sie davon überzeugt, dass sie von den richtigen, legitimen Machthabern regiert werden – ungeachtet von deren Abstammung. Der Tempel, der auf der Insel Philae in jenen Jahren in die Höhe wächst, ist steingewordener Teil dieser Strategie.

°

DIE PTOLEMÄER SIND nicht die ersten aus der Fremde kommenden Herrscher am Nil. Mehr als ein Jahrhundert lang, und nach einer längeren Unterbrechung abermals ab 343 v. Chr., war das einst mächtige Pharaonenreich eine Provinz im Imperium der Perser. Doch im Jahr 333 v. Chr. fügt der makedonische König Alexander III. dem persischen Herrscher auf dem Schlachtfeld eine herbe Niederlage zu und zieht im Jahr darauf mit seiner Armee auch in Ägypten ein.

Alexander, der später den Beinamen „der Große" erhält, nimmt das Land in Besitz und lässt sich als Befreier vom persischen Joch feiern. Im Nildelta befiehlt er den Bau einer Stadt, die seinen Namen tragen soll – Alexandria. Damals meist an seiner Seite: Ptolemaios, ein Mann aus niederem makedonischen Adel, ein Jugendfreund des Königs womöglich, der als Offizier in Alexanders Heer dient und später in den erlauchten Kreis von dessen persönlichen Leibwächtern aufgenommen wird.

AM NIL stoßen die Ptolemäer auf eine reiche, von Religion tief durchdrungene Hochkultur mit mächtigen Priestern und Tempeln (Figur des Anubis, Gott der Totenrituale, ptolemäische Zeit)

Ptolemaios begleitet Alexander auch, als der weiterzieht, um den Rest des Perserreichs einzunehmen. Und er ist ebenfalls dabei, als der Feldherr und König 323 v. Chr. in Babylon stirbt – nachdem er ein gigantisches Territorium erobert hat, das sich im Osten bis zu den Ufern des Flusses Indus dehnt.

Noch in Babylon teilen die Gefährten und Heerführer des Verstorbenen die wichtigsten Ämter in diesem Imperium untereinander auf, als Herrscher bestätigen sie formal Alexanders geistesschwachen Bruder (als seine Witwe bald darauf einen Sohn gebiert, wird der als Alexander IV. zum Mitkönig ausgerufen). Während der Verhandlungen beweist Ptolemaios offenbar seinen ausgeprägten Willen zur Macht: Obwohl unter den militärischen Führern eher unbedeutend, sichert er sich die Statthalterschaft über den wertvollen Reichsteil Ägypten.

Doch die Einigung erweist sich schnell als schlechter Kompromiss zwischen Männern mit gewaltigem Ehrgeiz. Es dauert keine zwei Jahre, ehe sich die Diadochen, die „Nachfolger" des Eroberers, wie sie später von Historikern genannt werden, in Kriege verstricken, einander attackieren, um einen möglichst großen Brocken des Alexanderreichs für sich zu sichern.

Noch vor dem Ausbruch der Kämpfe gelingt Ptolemaios ein Coup: Im Jahr 321 v. Chr. überfallen seine Truppen den Tross, der Alexanders mumifizierten Leichnam in die makedonische Heimat überführen soll. Stattdessen bringen die Soldaten den toten König nun in die alte ägyptische Residenzstadt Memphis (später wird das Grab in die neue Hauptstadt Alexandria verlegt). Will Ptolemaios so

OHNE DIE PRIESTER KANN ER NICHT REGIEREN

AUF DER INSEL Philae im Süden des Pharaonenreiches lässt Ptolemaios II. der Göttin Isis einen prachtvollen Tempel errichten (im Bild rechts); ein Relief zeigt dort den griechisch geprägten Makedonen mit Schurz und nacktem Oberkörper demütig vor der Gottheit – so wie es die ägyptische Tradition vorsieht

seinen Anspruch auf das gesamte Alexanderreich anmelden? Auf jeden Fall stärkt er als neuer Hüter der Gebeine seine Stellung am Nil, wo der Perserbezwinger wie ein Gott verehrt wird und auch Ptolemaios als sein Nachfolger durchaus akzeptiert scheint.

Die offiziellen Erben Alexanders fallen beide dem Ringen der Nachfolger zum Opfer: der Bruder bereits 317, der Sohn um 310 v. Chr. Es vergehen einige Jahre, bis es einer der Diadochen wagt, die Königswürde für sich zu beanspruchen – woraufhin es ihm bald mehrere andere nachtun. Um 304 v. Chr. erklärt sich auch Ptolemaios zum *basileus* (griech. „König").

Doch spätestens jetzt wird deutlich, dass der Machthaber zwischen den Welten steht. Denn der neu angenommene Titel ist ja eine makedonische Herrscherwürde. Am Nil aber regiert Ptolemaios zum Großteil über ägyptische Untertanen. Und die verlangen nach einem ägyptischen König, einem Pharao, der sie führt. Vor allem die mächtige Priesterschaft braucht einen Herrscher gemäß den eigenen Traditionen, denn nur jener könne durch seine rituellen Handlungen die kosmische Ordnung aufrechterhalten.

Ptolemaios reagiert – und vollzieht einen entscheidenden Schritt. Der Makedone nähert sich den Bräuchen seiner neuen Heimat an, verwandelt sich in eine Art politisches Zwitterwesen: Er nimmt zusätzlich den Titel eines Pharao an. Feierlich lässt er sich vermutlich in Memphis krönen. Sein ägyptischer Thronname fortan: „Erwählt von Re, geliebt von Amun".

ALS PTOLEMAIOS I. 283 oder 282 v. Chr. stirbt, wird sein gleichnamiger Sohn und Nachfolger Alleinherrscher über ein beachtliches Reich: Von Ägypten aus erstreckt es sich bis Kyrene im heutigen Libyen und bis in die Levante, umfasst zudem Territorien im südlichen Kleinasien, Zypern und weitere Inseln im östlichen Mittelmeer. Drei Großstaaten, die aus den Kämpfen um das Alexandererbe hervorgegangen sind, existieren um diese Zeit noch. Neben den Ptolemäern regieren die Seleukiden gewaltige Gebiete von Kleinasien bis an den Indus; die Antigoniden beherrschen Makedonien und Teile Griechenlands.

Ptolemaios II. übernimmt gedeihende Lande. In deren Herzen Ägypten garantiert der Nil wie eh und je üppige Erträge. Während abseits seiner Ufer die Sonne das Land verdörrt, sich die Sandmeere und felsigen Öden der Sahara ausbreiten, stehen am Fluss Palmenhaine und Obstgärten, sprießen Weinranken und Feigenbäume, wachsen Hülsenfrüchte und vor allem: Getreide. Denn jedes Jahr bringt die Nilschwemme, ein wiederkehrendes Hochwasser, dem Land entlang des Flusses Feuchtigkeit und verteilt nähr-

PTOLEMAIOS I.

MIT MUT, GEWALT und List setzt sich der Offizier aus dem heutigen Nordgriechenland unter Alexanders Nachfolgern als Herrscher in Ägypten durch. Sein Thronname »Erwählt von Re, geliebt von Amun« soll zeigen, dass ihn die beiden mächtigsten Götter des Landes stützen

ARSINOE II.

UM 275 V. CHR. heiratet Ptolemaios II. seine Schwester Arsinoe. Das Paar erhebt sich zu Göttern auf Erden, in deren Verehrung sich Ägypter und Griechen im Land fortan vereinen können

PTOLEMAIOS II.

GESCHICKT inszeniert sich auch der zweite Ptolemäerkönig (hier vorn, zusammen mit Arsinoe II.) als echter ägyptischer Pharao, der Tempel baut, den Göttern dient und so – nach der Vorstellung der Einheimischen – die Weltordnung aufrechterhält. Damit erwirbt er sich wichtige Zustimmung

stoffreichen Schlamm über die Böden, macht sie so beispiellos ergiebig. Bis auf seltene Jahre, in denen auch der Nil von Trockenheit betroffen ist, fahren die Bauern hier reichere Ernten ein als überall sonst im östlichen Mittelmeerraum und in Vorderasien. Ägypten ist die Kornkammer der Region, seit vielen Jahrhunderten bringen Karawanen und Frachtschiffe Kostbarkeiten an den Nil und verlassen ihn mit Gerste und Emmer, einer dem Weizen nah verwandten Getreideart.

Diese Fülle lässt schon lange die Zivilisation erstrahlen. An den Ufern des Stroms künden davon kolossale Statuen von Göttern und Herrschern, ehrwürdige Großbauten, kühne Fassaden vielfarbig bemalter Tempel. Ägypten ist ein Schatz – den sich die Ptolemäer unbedingt bewahren wollen.

Die Aufgabe aber könnte kaum größer sein: Ptolemaios II. muss nun zeigen, dass seine Dynastie fähig ist, das Reich auf Dauer zu führen, muss seine Stellung festigen, wenn möglich sogar stärken. Zumindest lässt der etwa 25-Jährige sofort erkennen, dass er schnell und ohne Skrupel zu handeln versteht. Gleich zu Beginn ordnet er vermutlich an, einen seiner Halbbrüder zu töten, weil der gegen ihn intrigiert hat, beseitigt noch etliche weitere Gegner aus dem engsten Kreis. Auch nach außen agiert er entschlossen, zieht wenig später mit seinen Soldaten ins Seleukidenreich, wo nach dem Tod des Königs Unruhe herrscht. Die ptolemäischen Truppen können

DER STROM bei Luxor, das sich heutzutage auf dem Gebiet des antiken Theben erstreckt

AUS ÄGYPTISCHEN und griechischen Vorbildern formt Ptolemaios I. den neuen Reichsgott Serapis. Statuen zeigen ihn als bärtige Vaterfigur, oft mit einem Korb auf dem Kopf. Sein Kult verbreitet sich auch in Gebieten außerhalb Ägyptens, wo Serapis mit weiteren Göttern verschmolzen wird: etwa mit dem keulenschwingenden Herakles wie bei dieser Bronzefigur

die Wirren offenbar nutzen, um einige Regionen in Kleinasien zu besetzen.

Das Militär, eine Streitmacht aus schätzungsweise einigen Zehntausend zumeist griechischstämmigen Kriegern, die teils schon seinen Vater bei dessen Kämpfen begleitet haben, hilft Ptolemaios II. wohl zugleich, im Inneren seiner Autorität Nachdruck zu verleihen. Langfristigen Erfolg aber verspricht zuvorderst etwas anderes: Der König und die kleine griechisch-makedonische Herrschaftsclique – die anderen Familienmitglieder sowie eine Handvoll hoher Offiziere und Würdenträger – werden nur bestehen, wenn sie die Bevölkerung am Nil tiefgehend auf die Ptolemäer einschwören können.

Schon sein Vater hat dafür bewusst den Kontakt zu den religiösen Größen des Landes gesucht. Denn die ägyptischen Priester sind nicht nur Mittler zur Götterwelt, sie sind auch – durch die weitläufigen Ländereien, die zu den Tempeln gehören – Großgrundbesitzer, sind Verpächter für Bauern, Arbeitgeber für Handwerker, Streitschlichter und Richter. Kaum jemand hat mehr Einfluss auf die Ägypter als sie. Nur wer sich mit dieser Gruppe verbündet, kann das Wohlwollen der Einheimischen gewinnen.

Ptolemaios I. hat vielen Tempelgemeinschaften von den Persern einst aberkanntes Land wieder zugesprochen, geraubte Götterstatuen zurückgebracht. Sein Sohn setzt dieses Bündnis mit den Priestern fort. Deshalb auch errichten Handwerker und Bauarbeiter wohl bald auf der Nilinsel Philae im Süden des Reichs einen neuen Tempel für Isis – eines von gleich mehreren Heiligtümern der Göttin, die unter seiner Herrschaft erbaut oder erweitert werden.

Der König fördert die alten Kulte, ehrt ihre Götter – und die Priester revanchieren sich, indem sie den Menschen den Ptolemäer als rechtmäßigen Pharao präsentieren. Auf Tempelreliefs können die Ägypter ihr Oberhaupt bei Opferzeremonien sehen, Inschriften auf von den Priesterschaften aufgestellten Stelen heben seine Verdienste um die Heiligtümer und damit um das Land hervor.

Doch es gibt auch Untertanen, die mit alldem nur wenig anfangen können.

Lange schon zieht es Menschen aus der griechischsprachigen Welt an den Nil, wo es sich etwa als Krieger oder Händler gut verdienen lässt. Im westlichen Nildelta bewohnen solche Migranten bereits um 600 v. Chr. mit Naukratis sogar eine eigene Stadt, andere lassen sich in ägyptischen Städten wie Memphis nieder. Auch mit dem ptolemäischen Hof sind etliche Makedonen und Griechen in die Region gekommen – und weitere folgen: Verwaltungsfachleute oder Handwerker reisen an, in der Hoffnung auf lukrative Posten und Aufträge; Rekrutierer werben überall in der griechischen Welt Soldaten für die Armee.

Unter den Einwanderern ist auch ein Mann namens Kleon, der mit vielleicht 30 Jahren nach Ägypten kommt, ein Bauexperte, der sich vermutlich in der wachsenden Metropole Alexandria niederlässt. Er steigt schließlich zum leitenden Ingenieur bei einem ambitionierten Großprojekt des Königshauses auf. In einer Oasenregion westlich des Nils, heute Faijum genannt, hat bereits Ptolemaios I. begonnen, ein Siedlungsgebiet neu zu gestalten und für die griechischen Zuwanderer erheblich zu erweitern. Planer und Arbeiter erschließen mithilfe von Kanälen Land für den Ackerbau. Unter Ptolemaios II. entsteht hier eine Ortschaft nach griechischem Muster, mit Straßen im Schachbrettmuster, mit Theater und Sportanlage – eine von zahlreichen Neugründungen dieser Zeit.

Einen doppelten Zweck verfolgt der Herrscher (wie schon sein Vater) mit den vor allem für seine Soldaten vorgesehenen Siedlungsprojekten: Indem er den

IMMER MEHR GRIECHEN KOMMEN AN DEN NIL

PTOLEMAIOS II. fördert den Zuzug von Menschen aus der hellenischen Welt, die fortan in Ägypten als Soldaten dienen oder Handel treiben. Überall im Land entstehen neue Ortschaften, im Faijum, einem tief liegenden Oasengebiet westlich des Nils, etwa eine griechische Mustersiedlung mit Gymnasion und Theater (Nil bei Assuan)

Kriegern Grund und Boden zuteilt, stellt er sicher, dass ihm dauerhaft eine größere Menge kampffähiger und loyaler Männer zur Verfügung steht. Zweitens: Die Siedler dürfen das Land bewirtschaften, müssen auf ihren Ertrag aber Abgaben entrichten. So erhöhen sie die Wirtschaftsleistung und die Einnahmen des Staates.

Baufachmann Kleon schafft es auf den einträglichen Posten des *architekton*, des vom König eingesetzten Leiters aller öffentlichen Arbeiten in der Region. Immer neue Kanäle und Schleusen müssen errichtet werden, um weiteren Grund nutzbar zu machen, an den älteren Anlagen fallen Wartungen an. Mit seinem Assistenstab organisiert Kleon die Arbeiten an den Bewässerungsvorrichtungen, lässt Baumaterial für Dämme, Rinnen, Brücken heranschaffen, beaufsichtigt die Tätigkeiten, verhandelt mit Auftragnehmern. Mal fehlt es an Lasttieren, mal sind Handwerker mit ihrer Entlohnung unzufrieden. Und immer muss Kleon die Erwartungen anspruchsvoller Vorgesetzter erfüllen.

Die Anweisungen kommen vermutlich von höheren Beamten, aus jenem von alters her bestehenden, nun teils neu organisierten Verwaltungsapparat, auf den sich die ptolemäischen Herrscher stützen. Wie in früheren Epochen ist Ägypten in rund 40 Bezirke aufgeteilt – doch wer es in der Hierarchie nun nach oben schaffen will, muss Griechisch können. Die von den neuen Herren eingeführten höchsten Ämter, etwa das des *strategos*, der jeweils einem Bezirk vorsteht, werden vorerst ohnehin nur mit Makedonen oder Griechen besetzt.

Wichtigste Aufgabe der Beamten ist das Eintreiben und Verbuchen der Steuern. So leiten sie einen beträchtlichen Teil des Reichtums Ägyptens in die königlichen Schatzkammern. Eine verantwortungsvolle Tätigkeit, die Ptolemaios II. zu einem der reichsten Herrscher seiner Zeit macht.

Doch auch bei den Abgaben gibt es Unterschiede zwischen Ägyptern und griechischstämmigen Untertanen. Viele Zahlungen sind von allen zu leisten: auf Erbschaften etwa oder Grundbesitz. Manche Leistungen haben schon die alten Pharaonen eingefordert, vor allem dass Bauern einen Teil ihres Ertrags an Getreide oder anderen Feldfrüchten abliefern. Doch die überwiegend griechischen oder makedonischen Militärsiedler müssen dabei weniger geben. Und von der neuen Salzsteuer, die Ptolemaios II. einführt, sind ausgerechnet jene ausgenommen, die etwa als Lehrer, Schauspieler oder Sportler die griechische Kultur pflegen. Spätestens wenn die Steuerzahlung fällig ist, mögen viele Ägypter sich als Einwohner zweiter Klasse fühlen.

○

DABEI ÄNDERT SICH durch die neuen Machthaber für die ägyptische Bevölkerungsmehrheit gar nicht so viel. Die meisten von ihnen leben weiterhin als Bauern in weitgehend selbst verwalteten Dörfern, folgen den Gesetzen ihrer Vorfahren, bestellen den von diesen geerbten Grund oder gepachtete Felder, unterhalten sich in Demotisch, wie Forscher die ägyptische Alltagssprache jener Zeit nennen.

Solange die Untertanen ihre Steuern zahlen, sehen die Ptolemäer keinen Grund, die Menschen gegen sich aufzubringen, indem sie sie etwa von ihrem angestammten Land vertreiben oder ihre Sprache verbieten. Besondere Verlautbarungen werden in gleich drei Varianten auf Stelen festgehalten: demotisch, griechisch sowie in der vor allem für Monumente genutzten Hieroglyphenschrift. Ein solches mehrsprachiges Dekret aus dem Ptolemäerreich, verewigt auf dem

PTOLEMAIOS III.

DER SOHN VON Ptolemaios II. und dessen erster Gemahlin Arsinoe I. dehnt das Reich in Syrien und Kleinasien so weit aus wie kein anderer Ptolemäer vor und nach ihm. Dabei triumphiert er unter anderem über die Seleukiden, eine Dynastie, die wie seine eigene auf die Nachfolger Alexanders zurückgeht

PTOLEMAIOS IV.

221 V. CHR. KOMMT der vierte Ptolemäerkönig auf den Thron. Auch er heiratet eine seiner Schwestern und führt Krieg gegen die Seleukiden um Syrien. Um im Inneren Frieden zu stiften, treibt er den Bau eines von seinem Vater begründeten Horus-Tempels voran. Das Monument erhebt sich bis heute unweit der Ortschaft Edfu

sogenannten Stein von Rosette, wird der neuzeitlichen Forschung dereinst als Schlüssel für die Entzifferung der Hieroglyphen dienen.

Überhaupt scheint auch der Brückenschlag zwischen den Kulturen den Ptolemäern ein wichtiges Herrschaftsinstrument zu sein. Bereits der Vater von Ptolemaios II. hatte eigens den Kult des Serapis ins Leben gerufen, der griechische und ägyptische Vorstellungen vereint, und ein Heiligtum für diese Gottheit in Alexandria errichten lassen. Manchmal funktioniert die Annäherung aber auch auf andere Weise. Vor allem auf dem Land, wo die hellenischen Gemeinschaften kleiner sind als in Alexandria und anderen Städten, begegnen sich griechischstämmige Männer und Frauen aus einheimischen Familien, gehen nach und nach immer mehr von ihnen über die kulturellen Grenzen hinweg Ehen ein.

Die Bräuche und Vorstellungen, die sich auch aus solchen persönlichen und aus den rituellen Verbindungen ergeben, werden Forschende später einer Kultur zuordnen, der sie die Bezeichnung „hellenistisch" verleihen. Damit meinen sie eine Zivilisation, die insbesondere durch die Eroberungen Alexanders des Großen in einem riesigen Gebiet vom Mittelmeer bis nach Zentralasien entsteht: hellenisch, also griechisch geprägt vor allem durch die Eliten, über das Griechische als gemeinsame Verkehrssprache, durch Austausch von Waren und Wissen sowie eine ähnliche Stadtkultur verbunden, zugleich aber von regionalen Traditionen beeinflusst. Auch das Ptolemäerreich ist demnach, wie andere Nachfolgestaaten des Alexanderimperiums, Teil des hellenistischen Zeitalters.

Wie verschieden trotzdem die Welten zuweilen sind, die die Ptolemäer zusammenzubringen versuchen, zeigt sich auch in der Amtszeit von Ptolemaios II. Für Ägypter sind Ehen zwischen königlichen Geschwistern nichts Unerhörtes, auch wenn sie unter den alten Pharaonen eher selten vorkamen. Doch viele Griechen und Makedonen sind wahrscheinlich zutiefst schockiert, dass Ptolemaios um 275 v. Chr., nachdem er seine erste Ehefrau verstoßen hat, seine Schwester Arsinoe heiratet. Vermutlich will der Herrscher so die Dynastie symbolisch stärken, indem er die Ehe der Göttergeschwister Isis und Osiris nachahmt. Ein in Alexandria ansässiger griechischer Dichter aber geißelt die Beziehung in derben, spottgeladenen Zeilen: Der König stoße „den Stachel in ein unheiliges Loch". Der Kritiker landet im Gefängnis oder wird (einer anderen antiken Quelle zufolge) von einem Offizier ertränkt.

Ein vermutlich dem Hof nahestehender Poet verweist in einem Loblied über Ptolemaios stattdessen auf ein hehres griechisches Vorbild: Hat nicht auch Göttervater Zeus seine Schwester Hera geehelicht? Tatsächlich scheinen sich die Griechen in Ägypten mit der Geschwisterehe zu arrangieren; mehrere spätere ptolemäische Herrscher jedenfalls werden dem Beispiel folgen.

Am einfachsten und zugleich wirkungsvollsten aber mag es für Ptolemaios II. sein, Zusammenhalt über einen Kult zu schaffen, der ihn selbst zum Mittelpunkt hat. Bald nach dem Tod seines Vaters hat er diesen bereits zur Gottheit erklärt. Nach der Heirat mit seiner Schwester geht er noch weiter und verleiht ihr und sich selbst göttlichen Status, wohl das erste Herrscherpaar Ägyptens, das sich zu Lebzeiten derart verherrlicht.

Was wie Größenwahn wirkt, erweist sich als genialer Schachzug. Als Hohepriester oder Göttergünstlinge wandeln ägyptische und griechische Könige in der Vorstellung der Zeitgenossen zwar ohnehin schon in übermenschlichen Sphären. Mit der Selbstvergötterung aber schafft Ptolemaios II. nun die Gelegenheit für eine eigene Anbetung. Zahlreiche Untertanen, griechische wie ägyptische, opfern bald dem Herrscherpaar und erbitten seinen göttlichen Beistand. So bringt Ptolemaios die aus unterschiedlichen Kulturen stammenden Bewohner seines Reiches im Ritual

WIE HIER ZWISCHEN Dendera und Luxor ist der Flusslauf an vielen Stellen von schroffen Höhenzügen gesäumt

zusammen – und bindet sie zugleich religiös an die eigene Dynastie.

Gut möglich, dass auch der Baufachmann Kleon am Nil nicht nur Zeus und Aphrodite huldigt, sondern ebenso den neuen Herrscherkult praktiziert. Grund, göttliche Hilfe anzurufen, hat er jedenfalls. Und es ist ausgerechnet Ptolemaios II., der mit seinem Verhängnis zu tun hat.

UM 252 V. CHR. WOHL reist der König zu einer Inspektion in jene Region, in der Kleon als Architekton tätig ist. Wie Ptolemaios vermutlich bei diesem Besuch erfährt, sind die Arbeiten an einer neuen Bewässerungsanlage noch nicht wie geplant abgeschlossen. Es stehen nicht genug Lastkähne zur Verfügung, um die benötigten Steine vom Steinbruch zur Baustelle zu schaffen. Zudem finden die Rechnungsprüfer des Königs, so lässt sich aus erhaltenen Schriftstücken herauslesen, Unregelmäßigkeiten in Kleons Buchführung.

Der Bauleiter muss um seinen Lebensunterhalt bangen. Sein Sohn rät ihm per Brief eindringlich, sich von seinen Verpflichtungen umgehend entbinden zu lassen und nach Alexandria zu reisen, „um die Gunst des Königs in Zukunft zurückzugewinnen". Folgt Kleon dem Rat? In den Jahren darauf jedenfalls taucht nur noch sein ehemaliger Assistent als Architekton in den erhaltenen Dokumenten auf. Unklar bleibt, ob Kleon sich in Ehren in den Ruhestand zurückziehen darf – oder ob er in Schande entlassen wird.

WICHTIGE BESCHLÜSSE lassen die Ptolemäer in drei Varianten festhalten: in Hieroglyphenschrift, in der ägyptischen Umgangssprache und auf Griechisch – wie etwa dieses Dekret der Priestersynode zu Memphis, mit dem diese 196 v. Chr. gegen Vergünstigungen Ptolemaios V. die Gefolgschaft garantiert. Als »Stein von Rosette« dient die berühmte Stele neuzeitlichen Forschern zur Entzifferung der Hieroglyphenschrift

PTOLEMAIOS II. LEGT DAS FUNDAMENT FÜR DIE ZUKUNFT

DIE WICHTIGSTEN Verwaltungsposten im Land sind von Makedonen und Griechen besetzt, als einfache Beamte dienen weiterhin vor allem Ägypter. Sie erfassen die Erträge, treiben fällige Abgaben ein und mehren so auch den Reichtum der Dynastie (Überreste der direkt am Nil gelegenen antiken Steinbrüche von Dschabal as-Silsila)

PTOLEMAIOS V.

UNTER DEM fünften Ptolemäerherrscher, der noch ein Kind ist, als sein Vater stirbt, gerät das Land in Unruhe. Seine Mutter wird ermordet, innere Aufstände branden auf. Und am Mittelmeer steigt eine neue aggressive Macht empor: Rom

Auch der Herrscher, inzwischen jenseits der 50 und vermutlich von Gichtschüben geplagt, muss in jener Zeit Rückschläge hinnehmen. Immer wieder hat Ptolemaios II. in den Jahren zuvor gegen die Seleukiden um die Vormacht im östlichen Mittelmeerraum gerungen. Zuletzt jedoch hatte sich deren aktueller Herrscher mit dem antigonidischen König von Makedonien und der griechischen Stadt Rhodos zusammengetan. Ptolemaios sah sich gezwungen, einem für ihn ungünstigen Friedensvertrag zuzustimmen. Bedeutende Gebiete in Syrien und Kleinasien musste er aufgeben.

Um 250 v. Chr. ist sein Territorium auf das Kernreich am Nil und wenige angrenzende Gebiete geschrumpft, verfügt seine Flotte nur noch über einige Stützpunkte in der Ägäis. Und doch: Ägypten ist von Invasionen und Kriegsverheerungen all die Jahre verschont geblieben. Die Bauern können ungestört ihre Ernten einbringen, Händler ihre Waren transportieren. Von Alexandria bis Philae rühmen Inschriften und Reliefs auf Stelen und Tempelwänden die Tapferkeit und die Frömmigkeit der Ptolemäer, bringen Griechen und Ägypter ihren vergöttlichten Herrschern und Herrscherinnen Opfer dar. Aus der einst unbedeutenden makedonischen Adelsfamilie ist eine mächtige Dynastie geworden, die sich ihrer neuen Heimat in Teilen anverwandelt, die Kulturen verschmolzen hat. Die zwar keineswegs zur Gänze einheimisch geworden ist, aber auch nicht mehr als Fremde über die Lande gebietet.

Ptolemaios II. hat damit sein wichtigstes Ziel erreicht: Als er 246 v. Chr. stirbt, übernimmt sein Sohn und Erbe, Ptolemaios III., ein florierendes Reich, in dem die Ptolemäer unangefochten herrschen. Es ist ein solides Fundament für die Zukunft: Der dritte Ptolemäerkönig wird seinen Einfluss so weit wie kein anderer Herrscher der Dynastie ausdehnen, auf einem Militärzug im Osten bis nach Mesopotamien vordringen, im Norden abermals Gebiete in Kleinasien sowie auch jenseits der Dardanellen erobern.

Dennoch: Allzu lang können seine Nachfolger das Gewonnene nicht halten. Die Kriege der Ptolemäer drohen irgendwann selbst die enorme Wirtschaftskraft des reichen Nillandes zu erschöpfen; um 205 v. Chr. erheben sich Ägypter in einer ersten großen, über Jahre anhaltenden Revolte.

Unterdessen gewinnt im fernen Nordwesten eine neue Macht an Stärke. Ein wachsendes imperiales Ungetüm, das sich ein Territorium nach dem anderen einverleibt, sich allmählich auf den Staat der Ptolemäer zubewegt: das Römische Reich.

Wieder nähern sich Fremde Ägypten, doch diesmal scheint es gefährlicher zu werden. ◊

LITERATURTIPPS

STEFAN PFEIFFER
»Die Ptolemäer – Im Reich der Kleopatra«
Sehr guter Überblick (Kohlhammer).

NAPHTALI LEWIS
»Greeks in Ptolemaic Egypt«
Tiefe Einsichten in das Leben von Griechen am Nil (University of Michigan Press).

Lesen Sie auch »Kampf um das Erbe« (aus GEOEPOCHE Nr. 63) über die Diadochenkriege nach dem Tod Alexanders des Großen auf *www.geo-epoche.de*

IN KÜRZE

Um 304 v. Chr. lässt sich der Makedone Ptolemaios, ein Vertrauter Alexanders des Großen, zum Pharao in Ägypten krönen. Knapp drei Jahrhunderte wird die von ihm begründete Dynastie am Nil herrschen. Ein Grund: Ptolemaios I. und seine Nachfolger verstehen es, die ägyptische und die griechische Kultur in ihrem Reich zu etwas Neuem, Verbindendem zu verschmelzen.

69–51 v. Chr.
Jugend und Machtantritt

LEHRJAHRE EINER KÖNIGIN

Es sind turbulente Zeiten, in denen Kleopatra – geboren um die Wende zum Jahr 69 v. Chr. – ihre Kindheit erlebt. Unruhen erschüttern das Land am Nil, dessen makedonisch-griechische Herrscherdynastie seit Jahrzehnten abhängig ist vom Wohlwollen Roms. Mit aller Kraft sowie Unsummen an Gold und Silber versucht Kleopatras Vater, Pharao Ptolemaios XII., Ägyptens Souveränität und die eigene Macht zu bewahren, sich die aggressiven Römer gewogen zu halten, einheimische Konkurrenten auszuschalten. Ein Ringen, das seine heranwachsende Tochter für immer prägen wird

KLEOPATRA ist das zweitälteste Kind von Ptolemaios XII. und wird von ihm gezielt gefördert. Wer ihre Mutter war, ist unbekannt (Relief einer jungen ptolemäischen Königin mit Perücke und Geierhaube, das mitunter als Kleopatra gedeutet wird; gefunden in Edfu)

TEXT: *Marita Liebermann*

Ein Getreidebrei würde reichen. Etwas Gift dazu, eventuell ein Bestechungsgeld für den Diener, der die Speisen der Prinzessin vorkostet – und schon hätten die Gegner ihres Vaters sie umgebracht. Ob die Tochter von König Ptolemaios XII. weiß, wie groß die Bedrohung ist? Merkt das Kind, dass etwas nicht stimmt?

Mit ihren elf Jahren ist Kleopatra nicht mehr sicher im Palast von Alexandria. Wichtige Politiker am Hof ihres Vaters könnten sie beseitigen wollen. Denn der ägyptische Herrscher hat sich viele Feinde gemacht. Ein ganzes Lager hochrangiger Regierungsbeamter steht in jenem Sommer 58 v. Chr. offen gegen ihn, erhebt schwere Vorwürfe: Schändlich habe er das Land am Nil preisgegeben, dessen Reichtum und Ansehen geopfert, um nur ja dem mächtigen Rom zu gefallen. Auch draußen vor den Palastmauern ist die Wut groß. Hohe Abgaben, Hunger und Enttäuschung treiben das Volk immer wieder auf die Straßen der Kapitale am Mittelmeer. Ein Umsturz scheint kurz bevorzustehen.

So unter Druck geraten, hat Ptolemaios XII. im Grunde keine Wahl. Will er überleben, muss er fliehen. Rasch machen seine Männer sein Schiff zum Auslaufen klar. Kurz darauf segelt er mit einem kleinen Gefolge los. Was jetzt mit seiner Tochter geschieht, das verbergen die Quellen. Vermutlich bringen seine Getreuen auch sie außer Reichweite seiner Widersacher. Wie mag das Mädchen diese Ereignisse erleben? Die gewohnte Welt, der vertraute Alltag, ihr Zuhause: zerborsten. Der Vater, bis dahin oberster Hüter von allem, was sie glaubt und für richtig hält: auf der Flucht.

Ein Drama – und zugleich eine Schule. Denn die aufwühlenden Vorfälle und das, was nun kommt, lehren die junge Prinzessin Kleopatra nicht nur Unverzichtbares über die Unwägbarkeiten des Lebens, sondern vor allem über Politik. Wie flüchtig Macht sein kann. Wie Männer und Frauen erbittert darum ringen, wie wichtig es offenbar ist, sie zu erhalten.

Und sie wird anfangen zu erkennen, worauf es für ihre Dynastie ankommt. Jene Königsfamilie der Ptolemäer, die seit etlichen Generationen über das Pharaonenland herrscht. Die inzwischen aber Rom dafür braucht: einen fordernden Beschützer, den es ständig nach neuen Einnahmequellen verlangt.

Darin liegt das Dilemma von Ptolemaios XII.: Für die Gunst des römischen Imperiums hat er weit mehr Gold und Silber aufgewendet, als seine Staatskasse hergibt. Denn üppige Geschenke sind die einzig wirksamen Waffen in seinem Werben um die Freundschaft der Römer. Doch seine radikale Bestechungspolitik hat die Ressourcen seines Landes erschöpft. In seinem ausgepressten Volk und den führenden Machtzirkeln fühlen sich die Menschen verraten.

So muss die junge Kleopatra in diesem Moment begreifen, dass die Zukunft ihrer Heimat ungewiss ist. So heftig wie nie zuvor taumelt die Herrschaft ihres Vaters. Und doch haben die Probleme nicht erst mit ihm begonnen: Bereits lange vor der Regierungszeit von Ptolemaios XII. hat sich Ägypten in eine riskante Abhängigkeit von der Römischen Republik gebracht.

Seit einigen Generationen schon dominieren die Römer das politische Geschehen im östlichen Mittelmeerraum. Dank ihrer kampfkräftigen Legionen haben sie ihr Territorium nicht nur im Westen, in Italien und auf der Iberischen Halbinsel, erweitert, sondern unterwerfen 168 v. Chr. Makedonien, eines der Reiche, die aus dem Imperium Alexanders des Großen hervorgegangen sind. Die verbliebenen beiden anderen Nachfolgestaaten, das Reich der Seleukiden in Vorderasien und ebenjenes der Ptolemäer am Nil, bleiben selbstständig, stehen fortan aber unter dem Einfluss des übermächtigen Nachbarn.

Die Pharaonen müssen sich nun immer wieder mit dem Hegemon aus Italien arrangieren, sein Wohlwollen finden, sich im Zweifel nach ihm richten. Oder versuchen, ihn für eigene Interessen einzuspannen. Denn angesichts der verbreiteten Rivalitäten im ptolemäischen Herrscherhaus kommt es mehrfach vor, dass sich einzelne Mitglieder der Dynastie aktiv an Rom wenden, um innere Konflikte zu lösen, oft auch um sich dabei einen persönlichen Vorteil zu verschaffen.

Einzelne Ptolemäerkönige gehen so weit, Testamente zu verfassen, mit denen sie für den Fall ausbleibender Nachkommen Reichsgebiete dem Volk von Rom hinterlassen – so können sie etwa interne Gegner mit der Drohung eines möglichen Einmarschs der Fremden unter Druck setzen. Ein Ptolemäer vermacht 96 v. Chr. den Römern etwa sein Teilreich, die Region von Kyrene im heutigen Libyen, ein Erbe, das allerdings vorerst nicht eingelöst wird.

UMSORGT MUSS sich Kleopatra während ihrer Kindheit im Palast von Alexandria fühlen – aber auch überwältigt angesichts der großen machtpolitischen Verwerfungen um sie herum (Säulenvorhalle im Hathor-Tempel von Dendera, dessen Bau auf Ptolemaios XII. und Kleopatra zurückgeht)

69–51 v. Chr. | Jugend und Machtantritt

IHR VATER MUSS FLIEHEN

PTOLEMAIOS XII. vollendet den von seinen Vorfahren begonnenen Horus-Tempel von Edfu (hier der Säulenhof). Die heranwachsende Kleopatra erfährt viel von den kulturellen Leistungen ihrer Familie, aber auch von Gewalt und Mord in der Dynastiegeschichte – Kenntnisse, auf die sie später zurückgreifen können wird

Schließlich greift ein römischer Mächtiger direkt in die ägyptischen Angelegenheiten ein. Im Jahr 80 v. Chr. installiert Sulla, ein zwischenzeitlich zum Diktator aufgestiegener Feldherr, einen befreundeten Ptolemäerprinzen als neuen Herrscher. Er soll dem Römer wohl Zugang zu den Reichtümern Ägyptens verschaffen. Doch die Winkelzüge misslingen: Sullas Schützling macht sich unmöglich und kommt nach wenigen Wochen bei einem Aufstand ums Leben.

Jetzt müssen die führenden Politiker am Hof in Alexandria schnell handeln, um etwaigen Reaktionen Roms zuvorzukommen. Sie rufen einen offenbar unehelichen Sohn eines früheren Herrschers aus dem Ausland zurück: Ptolemaios XII., wohl um 30 Jahre alt, besteigt noch im selben Jahr den Thron.

Der neue König beginnt sofort, seine Herrschaft abzusichern. Schon 79 v. Chr. heiratet er nach Sitte der Familie seine Schwester Kleopatra VI. Drei Jahre später lässt er sich zum Pharao krönen. Doch der außenpolitische Druck aus Rom ist immens. Ptolemaios XII. wird besonderen Aufwand betreiben müssen, um das Wohlwollen aus Italien zu gewinnen. Um sich selbst an der Spitze zu halten – und die Seinen.

Wohl 78 v. Chr. wird seine erste Tochter Berenike geboren. Und um die Wende von 70 auf 69 v. Chr. kommt ihre Schwester zur Welt: ein Kind namens Kleopatra.

Kaum etwas ist überliefert über die ersten Lebensjahre der Pharaonenkinder. Nicht mal, ob Kleopatra und Berenike die gleiche Mutter haben, weiß man. Denn etwa seit der Geburt der jüngeren Tochter erwähnen die Quellen die ptolemäische Königin jahrelang nicht mehr; offenbar ist sie bei ihrem Gatten in Ungnade gefallen. Und die engen Beziehungen des Pharao zu den religiösen Würdenträgern seines Landes haben möglicherweise dazu geführt, dass er eine zweite Ehe mit einer Frau aus einer hochrangigen Priesterfamilie geschlossen hat. Damit wäre Kleopatras Mutter Ägypterin – und die Tochter, so sehen es einige moderne Forschende, durch die unterschiedliche Abstammung ihrer Eltern eine Verkörperung ebenjener zwei Kulturen, die sich unter der Herrschaft der Ptolemäer im Reich am Nil verbinden: der griechischen und der ägyptischen.

Als nahezu sicher gilt, dass Kleopatra im Königspalast von Alexandria geboren wird, Bedienstete das Kind hier aufmerksam umsorgen. Wahrscheinlich wird sie von einer Amme gestillt, die ihr später das Essen vorkaut und liebevoll in den Mund gibt. Doch schon früh dürfte das Mädchen erfassen, dass ihr Zuhause auch ein gefährlicher Ort ist. Als sie beginnt, ihre Mahlzeiten selbstständig zu sich zu nehmen, müssen ihre Speisen vorgekostet werden – der übliche Schutz vor Giftmord.

Vermutlich wächst die Prinzessin mit einer ganzen Schar anderer Mädchen und Jungen auf, dem Nachwuchs der wichtigen Beamten, Minister, Militärs und Priester, die am Hof ihres Vaters leben. Die Kinder dürfen in den Parkanlagen des Palastes spielen, haben vielleicht Lieblingsplätze, an den Springbrunnen oder Fischteichen, können sich in den üppig bewachsenen Hainen verstecken.

Möglich auch, dass Kleopatra mit Gleichaltrigen ihre Tonpuppen teilt oder Figuren durch Puppenhäuser mit winzigen Möbeln schiebt. Mäuse sind beliebte Spielgefährten kleiner Kinder ihres Standes. Höchstwahrscheinlich hat die Herrschertochter stets Bedienstete in der Nähe, denen sie ihre Wünsche mitteilen kann. Ebenso selbstverständlich dürfte es für sie sein, dass Staatsleute, erwachsene Menschen, ihr stets ehrerbietig begegnen, hohe Finanzbeamte und Priester, Generäle.

EIN UMSTURZ zwingt Ptolemaios XII., den diese Skulptur möglicherweise darstellt, außer Landes. Nach seiner von Rom unterstützten Rückkehr lässt er sämtliche Menschen, die sich an der Erhebung beteiligt hatten, hinrichten, darunter auch seine älteste Tochter Berenike, die in seiner Abwesenheit den Thron innehatte

Wie ihre Schwester bekommt Kleopatra die Erziehung, die sie auf ihre eventuellen späteren Aufgaben vorbereitet – auch auf die Führung des Reichs. Ihre seit jeher in Machtkämpfen zerrissene Dynastie hat es sich zur Gewohnheit gemacht, sich auf ungeplante Thronwechsel einzustellen. Es ist anzunehmen, dass die Gelehrten von Alexandria, einige der größten Denker der Zeit, den Prinzessinnen alles beibringen, was die Welt an Wissen zu bieten hat. Wichtig ist für hochgeborene Kinder im Ptolemäerreich zunächst, Griechisch zu lesen und zu schreiben – die Sprache der Dynastie, der Fernhändler und der hohen Staatsdiener in Ägypten, aber auch am ganzen Mittelmeer verbreitet, in Rom das Idiom der Gebildeten.

Vermutlich führen Philosophen die Mädchen an kostbare Schriften heran, die in der berühmten Bibliothek der Hauptstadt verwahrt werden. Vor allem aber dürften es die Geschichten Homers sein, die die Erzieher Kleopatra nahebringen. Den legendären Dichter verehren die Menschen der Epoche wie keinen zweiten.

Bestimmt erklärt sich auch die Tochter von Ptolemaios XII. das Dasein mit jenen Erzählungen über Glück und Elend, Liebe und Tod, Treue und Verrat. Gut möglich, dass sie schon früh dramatische Abenteuer, wie Homer sie heraufbeschwört, in ihrer Fantasie nacherlebt: Schlachten zwischen Kriegern, die ihr Land verteidigen oder ihre Ehre retten müssen, Götter, die Menschen helfen oder schaden wollen.

Neben den Griechischlehrern beschäftigt ihr Vater Mathematiker und Astrologen, die die Kinder in Arithmetik und Geometrie, Musik und Sternenkunde unterrichten. Und auch in die Lebensläufe ihrer Vorfahren kann sich Kleopatra versenken. Vielleicht begleitet sie in Gedanken ihre frühen Ahnen durch Makedonien und Griechenland – und entwickelt die Überzeugung, dass die Taten ihrer wagemutigen Stammväter irgendwie auch zu ihr führen, sie selbst Teil einer sagenhaften Heldengeschichte ist.

Wann beginnt das Mädchen, die übermenschlichen Maßstäbe zu verstehen, die für ihre Familie gelten? Wie ordnet es für sich den Prunk und die Macht ein, die ihm täglich vor Augen stehen? Regelmäßig fährt die Prinzessin etwa mit dem König und dessen Gefolge auf dem Schiff den Nil hinauf, nach Memphis, eine der heiligen Städte der Ägypter, ungefähr 300 Kilometer Wegstrecke auf dem Fluss von Alexandria entfernt, etwas südlich des heutigen Kairo gelegen. Eine weitläufige Tempelanlage steht hier, prächtige steinerne Bauten, mit Reliefs, Malereien und Inschriften verziert. Kleopatra begleitet ihren Vater, wie er von Weihrauch umgeben den alten Göttern der Ägypter huldigt. Jenen überirdischen Wesen, von deren Wohlwollen nach dem Glauben der Ägypter der Pharao und sein Reich abhängen.

Verzaubert die Magie der traditionellen Riten das Kind? Schon früh dürften die ägyptischen Mythen des Landes das Denken der Prinzessin durchdringen, die wohl auch schnell begreift, wie eng Religion und Politik miteinander verwoben sind: wie bedeutsam das Bündnis mit den Priestern für ihren Vater ist.

Gut möglich, dass sie bereits im Kindesalter beginnt, sich eine Fähigkeit anzueignen, die ihr von großem Nutzen sein wird: Sie lernt die Sprache der ägyptischen Untertanen, von Forschern heute Demotisch genannt. Aber nicht nur das. Denn später wird sie in der Lage sein, „ihre Zunge" zu benutzen „wie ein vielstimmiges Instrument", so schreibt der antike griechische Autor Plutarch: „In jeder ihr beliebenden Sprache" könne sie sich ohne Dolmetscher verständigen, mit „Äthiopen, Troglodyten, Hebräern, Arabern, Syrern, Medern und Parthern" – praktisch allen wichtigen Völkern.

Zu Hause, am Hof in der Hauptstadt Alexandria, kann Kleopatra derweil eine weitere Sphäre der Herrschaft verstehen lernen: die Kunst der Festlichkeiten, in deren Mittelpunkt meist ihr Vater steht. So lässt Ptolemaios XII. etwa in seinem Palast Musikwettbewerbe ausrichten, an denen er selbst teilnimmt. Denn er ist begabt im Spiel des Aulos, eines oboenartigen Blasinstruments. Viele fröhliche Spektakel mag die Königstochter miterleben, von großen Mengen Weines begleitete Feste, die das Leben zelebrieren – und zugleich die Macht der Dynastie. In von Edelsteinen funkelnden Sälen des Palastes führt der Pharao dabei den kaum fassbaren Reichtum seines Hauses vor.

Doch die glanzvolle Inszenierung spielt sich vor einer zunehmend düsteren Realität ab. Rom, die waffenstarrende Republik, bedroht die Selbstständigkeit des ägyptischen Königreichs.

Bereits 74 v. Chr., noch vor Kleopatras Geburt, sind römische Truppen näher an das Reich ihres Vaters herangerückt. Die Heere des Imperiums haben jenes Gebiet von Kyrene im heutigen Libyen besetzt, das ein Verwandter von Ptolemaios XII. etwa zwei Jahrzehnte zuvor den Römern vererbt hatte. Bislang hatten jene sich lediglich mit den Erträgen aus den dortigen könig-

DIE PRINZESSIN LERNT SCHNELL

BALD BEHERRSCHT Kleopatra neben Griechisch etliche weitere Sprachen, darunter auch jene ihrer ägyptischen Untertanen. Sie ist bewandert in den Künsten der Diplomatie, eingeweiht in die alten Kulte – und sie weiß um die Gefahren an der Spitze eines Reiches (Relief im Hathor-Tempel von Dendera, das Riten vor

69–51 v. Chr. | Jugend und Machtantritt

PLÖTZLICH THRONT SIE ÜBER ALLEM

IM JAHR 52 V. CHR. erhebt Ptolemaios XII. seine Tochter zur Mitregentin, nach seinem Tod nur Monate später führt sie, gemäß moderner Zählung als Kleopatra VII., allein die Geschicke Ägyptens. Die Römische Republik trachtet unterdessen weiter nach den Reichtümern vom Nil und auch nach dem Pharaonenland selbst (Tempel von Kom Ombo, vermutlich begonnen von Ptolemaios VI.)

lichen Gütern zufrieden gegeben. Doch jetzt beruft sich Rom auf das Testament, macht das Territorium zu seiner Provinz und lässt von dort Getreide in großem Stil importieren.

Als Kleopatra vier Jahre alt ist, diskutieren Politiker am Tiber sogar, ob nicht Ägypten gleich ebenfalls dem Imperium einverleibt werden solle. Denn die große Wirtschaftskraft und die ergiebige Getreideproduktion des Pharaonenlandes machen es für Rom attraktiv.

Ptolemaios XII. muss reagieren. Für ihn gilt es, das Bündnis mit Rom zu suchen, eine mögliche Invasion unbedingt abzuwenden. Und dabei seinen Status als König von Ägypten zu bekräftigen.

Zu diesem Zweck versucht er einen mächtigen Römer als Partner für sich zu gewinnen. Vor allem mit Geld. So buhlt er mit einem außergewöhnlich luxuriösen Geschenk um das Wohlwollen des römischen Feldherrn Gnaeus Pompeius: Der Pharao lässt ihm 64 v. Chr. in Damaskus einen schweren Goldkranz überreichen. Die Kosten des Geschmeides verschlingen einen Großteil des jährlichen ägyptischen Staatseinkommens. Im Jahr darauf übernimmt er die Finanzierung von 8000 Reitern, die Pompeius in seinen Krieg gegen Judäa führt.

Sehr tief greift der Pharao für solche Zuwendungen in die Schatzkammern seines Reiches, leert die königlichen Kassen. Auch die Steuern erhöht er. Insbesondere der Landbevölkerung mutet er umfangreiche Abgaben zu. Um 61 v. Chr. streiken Bauern auf königlichen Gütern. Die Not nimmt zu.

Die Prinzessinnen am Hof bemerken vielleicht, dass die Beamten unruhig werden, die Finanzleute und Berater des Königs vor sich bedenklich türmenden Problemen stehen. Zunächst geht das Leben im Palast zwar seinen gewohnten Gang. Berenike und Kleopatra bekommen in jenem Jahr einen Bruder, bald darauf werden ein weiterer Sohn und eine weitere Tochter von Ptolemaios XII. geboren.

Doch immer tiefer verstrickt sich der König in die Abhängigkeit von Rom. Er leiht sich exorbitante Geldmengen bei römischen Finanziers – deren Landsleute in der Führung am Tiber er mit dem so erworbenen Kapital dafür bezahlt, die Außenpolitik der Militärmacht in seinem Sinne zu lenken. Es ist ein wahnwitziges Manöver, mit dem er sich offenbar eine doppelte Sicherheit erkaufen will. Seine Gläubiger, so spekuliert er wohl, werden sich für ihn einsetzen, um sicherzugehen, dass sie die Kreditsummen auch zurückbekommen; und die Empfänger seiner Bestechungen wollen selbstverständlich ebenfalls seine Zahlungsfähigkeit erhalten. Beide Parteien müssten daher großes Interesse daran haben, dass er auf dem Thron bleibt.

In seinem eigenen Reich allerdings regt sich immer größerer Widerstand. Arme wie Reiche fühlen sich in ihrer Ehre gekränkt. Im Stolz auf ihre jahrtausendealte Kultur begreifen die Bewohner Ägyptens die Übermacht der expandierenden Römer als Demütigung. Im Palast empfangen die Höflinge deren Delegationen weiter ehrerbietig. Doch in der Stadt müssen römische Kaufleute, die in Alexandria ihren Geschäften nachgehen, bereits Angriffe wütender Bürger fürchten.

59 v. Chr. dann verschafft Pompeius gemeinsam mit dem römischen Politiker Gaius Iulius Caesar dem Pharao endlich den ersehnten Erfolg. Er bekommt vom Senat den Rang eines „Freundes und Bundesgenossen des römischen Volkes" zuerkannt. Dafür hat er den beiden mächtigen Männern so viel Geld in Aussicht gestellt, wie sein Land in einem Jahr erwirtschaftet. Nun wähnt er sich endlich sicher vor Übergriffen.

Ein schwerer Irrtum.

Bereits im Jahr darauf setzt das Imperium seine Truppen in Marsch – und nimmt die Insel Zypern ein: ein Territorium, das sich seit Jahrhunderten im Besitz der ptolemäischen Dynastie befindet und von dem Bruder von Ptolemaios XII. als König regiert wird. Die Römer beschuldigen den Herrscher, Piraten unterstützt zu haben. In Wahrheit geht es ihnen um die Reichtümer Zyperns. Dem Entmachteten bieten sie noch an, ein Priesteramt auf der Insel zu bekleiden. Doch der bringt sich wenig später um – er will nicht gedemütigt in einer römischen Provinz enden.

Im rund 500 Kilometer entfernten Alexandria geraten die Menschen außer sich, sehen die Würde ihres Landes aufs Tiefste verletzt. Vielleicht noch wütender aber sind sie über die Untätigkeit ihres Pharao: Ptolemaios XII. hat seinem Bruder weder geholfen noch bei den Römern protestiert. Offenbar fürchtet er, die neu erworbenen Freunde zu brüskieren.

Es ist der Selbstmord des Königs von Zypern, der den Oppositionellen am Hof und in der Kapitale anscheinend den letzten Anstoß gibt, Ptolemaios XII. zur Flucht zu zwingen. Vielleicht berichten Boten dem König, dass Attentäter auf ihn angesetzt sind oder sich eine Volksmenge zusammenrottet. In jedem Fall lässt der Pharao Segel setzen. Ob er in den Wirren noch ein beruhigendes Wort für seine elfjährige Tochter findet?

TAGESLICHT fällt durch einen Schacht in den Hathor-Tempel von Dendera. Kleopatra wird dem Heiligtum, in dem Reliefs die Pharaonin gemeinsam mit ihrem Vater und später auch mit ihrem Sohn zeigen, bis an ihr Lebensende verbunden bleiben

Wahrscheinlich kümmern sich treue Diener um Prinzessin Kleopatra, sicher ist das Kind aufgewühlt. In solcher Gefahr hat sie ihren Vater noch nie erlebt. Ohne Verzug legt sein Schiff ab. Kurs: Rom.

Es ist nicht gesichert, aber einige moderne Wissenschaftler gehen davon aus, dass Kleopatra ihren Vater nach Italien begleitet. Mit ihm und seinen Männern bezieht sie demnach ein Landgut in den Bergen südöstlich von Rom, das Pompeius dem geflüchteten Herrscher überlässt. Sollte dem so sein, bekäme sie nun aus nächster Nähe mit, wie Ptolemaios im Exil verzweifelt darum zu ringen beginnt, sein Land wiederzugewinnen. Denn der König, so viel ist sicher, mobilisiert all seine Beziehungen, um möglichst schnell in die Heimat zurückzukehren.

Dort passiert derweil Bemerkenswertes: Ausgerechnet Prinzessin Berenike, die etwa 20-jährige Schwester Kleopatras, die trotz der Unruhen in der Stadt geblieben ist, lässt sich zur Herrscherin ausrufen – gemeinsam mit ihrer Mutter, die nun wieder in Erscheinung tritt. Berenike IV., wie neuzeitliche Forscher sie nennen, ist vielleicht nicht mehr als ein Werkzeug von einflussreichen Politikern, die nun in Ägypten die Macht ausüben. In jedem Fall ist es die neue Königin (deren mütterliche Mitregentin schon bald stirbt), die um 57 v. Chr. eine Delegation von etwa 100 Gesandten nach Rom schickt, um den Senat für das neue ägyptische Regime zu gewinnen. Als Ptolemaios XII. davon erfährt, sendet er seinen Landsleuten gedungene Mörder entgegen. Ein Teil der Ägypter fällt bereits bei ihrer Landung in der Nähe von Neapel den Meuchlern zum Opfer. Die anderen werden von Attentätern in Rom getötet oder erfolgreich bestochen, sodass sie ihre Mission nicht ausführen.

Der geflüchtete König verschuldet sich immer weiter bei seinen Partnern am Tiber. Im Jahr 56 v. Chr. schließlich greifen römische Truppen – gegen eine weitere horrende Bestechungssumme von Ptolemaios XII. – unter der Führung eines Gefolgsmanns von Pompeius das Pharaonenland an. Schon nach kurzen Gefechten erobern sie die Grenzfestung

Pelusion im Osten des Nildeltas, bald ergibt sich auch Alexandria.

So zieht kurz darauf der alte König wieder in seine Hauptstadt ein. Und gibt der nun 14-jährigen Kleopatra ein weiteres Exempel für die Brutalität der Machtpolitik. Es ist eine lange Reihe blutiger Hinrichtungen, die die Prinzessin erlebt. Staatsbeamte, Philosophen, angesehene und vor allem reiche Hofleute: Alle, die am Umsturz beteiligt waren, lässt der Vater henken, selbst vor seiner Erstgeborenen macht er nicht Halt. Fühlt Kleopatra Trauer angesichts des Todes von Berenike IV., Mitleid – oder beginnt auch sie schon in Kategorien politischer Notwendigkeit zu denken?

Ptolemaios konfisziert die Vermögen der Getöteten. Zudem macht er einen seiner römischen Gläubiger zum Finanzminister. Doch der destabilisiert die Lage durch maßlos erhöhte Steuern derart, dass der König ihn in Haft nehmen muss – und kurz darauf aus Ägypten fliehen lässt.

Nun ist es vor allem ein Mensch, auf den Ptolemaios für die Zukunft seiner Herrschaft setzt: seine Tochter Kleopatra. Sie, die ihm stets treu gewesen ist, deren Intelligenz und Witz, von denen antike Geschichtsschreiber berichten werden, ihm vielleicht in Gesprächen schon entgegenfunkeln. Auch ist sie die Einzige unter seinen verbliebenen Nachkommen, die alt genug ist.

Noch aber lässt er sie weiter lernen. Ihre Lehrer unterweisen sie jetzt in Rhetorik. Denn nur wer seine Argumente geschliffen vorzubringen weiß, brillante Worte findet, die richtigen Pausen und Gesten setzt, kann darauf hoffen, in der Politik Erfolg zu haben. Und offenbar entwickelt sich die Prinzessin bald zu einer guten Rednerin.

52 v. Chr. kommt der Moment, auf den die Ausbildung immer klarer zuzustreben schien: Ptolemaios XII. beschließt, seine Tochter in die Regierungsgeschäfte einzubinden, und erhebt sie zu seiner Mitregentin. Nun steht die 17-Jährige auf einer Stufe mit dem göttlichen Pharao. Kurz darauf führen Vater und Tochter, dereinst als Kleopatra VII. gezählt, in Oberägypten den Bau eines unfertigen Tempels weiter. Im Heiligtum von Tentyris (heute Dendera) verewigen sie sich als gemeinsam Herrschende.

Und bald schon folgt Kleopatras bis dahin größte Prüfung. Im Frühjahr 51 v. Chr. stirbt Ptolemaios XII., inzwischen wohl fast 60 Jahre alt, das große Vorbild, ihr Mentor. Und nur wenige Wochen später bereits steht ein bedeutendes Ritual an. Es geht um einen lebenden Stier, der in der Stadt Theben als Fleisch gewordene Gestalt der Götter des Krieges und der Sonne angebetet wird. Das heilige Tier aber, „Buchis" genannt, ist vor Kurzem verstorben, und die Priester müssen aus den Herden vor Ort ein neues Exemplar auswählen, das anschließend feierlich als Nachfolger eingeführt wird – von der obersten Person des Reiches.

Und so fährt Kleopatra mit der königlichen Flotte von Alexandria nach Theben. Die Hörner des Stiers sind mit Gold und Edelsteinen geschmückt, seine Augen mit Kajal geschminkt. Kleopatra führt ihn auf eine Barke, die am Nilufer liegt. Ägyptische Quellen schildern, wie sie und einige Begleiter daraufhin mit dem Boot zu einem Tempel knapp zehn Kilometer flussaufwärts rudern, wo das Tier nun leben wird.

Priester, Amtsträger und Bürger sind dort zusammengeströmt. Es ist ein gewaltiges Spalier für die junge Königin. Sie stehen am Ufer, Männer und Frauen aus dem Volk, religiöse Oberhäupter, führende Politiker. Und sie werden Zeugen einer makellos inszenierten Zeremonie.

Eine bravouröse erste Probe ihrer Staatskunst. Kleopatra zeigt, was sie gelernt hat, welches Gespür sie besitzt, wie die dramatischen Wechselfälle ihres bisherigen Lebens sie offenbar mehr als ausreichend vorbereitet haben. Mit erstaunlicher Sicherheit bereits bewegt sie sich an diesem Tag in der Sphäre höchster Politik, bedient aufmerksam und souverän die Ansprüche der Religion, das Spiel mit den Symbolen.

Zurecht scheint sie das Schicksal nach ganz oben gebracht zu haben. Sie ist 18 Jahre alt und allein an der Macht. Vorerst. ◊

LITERATURTIPPS

SABINE KUBISCH, HILMAR KLINKOTT
»Kleopatra: Pharaonin – Göttin – Visionärin«
Reich illustrierte und fundierte Biografie von einer Ägyptologin und einem Althistoriker (Theiss).

STACY SCHIFF
»Kleopatra – Ein Leben«
Erzählerisch aufbereitete Vita (C. Bertelsmann).

Lesen Sie auch »Triumphzug in Rom: Die Stunde des Siegers« (aus GEO*EPOCHE* Nr. 50) über die Expansion der Römischen Republik in Makedonien auf *www.geo-epoche.de*

IN KÜRZE

Ptolemaios XII. regiert von Roms Gnaden. Doch der Preis dafür ist hoch. Land und Untertanen leiden unter der Last der Abgaben, die der Pharao erhebt, um das Wohlwollen der Römer zu erkaufen. Seine für ihren wachen Geist gerühmte Tochter Kleopatra erlebt die Konsequenzen dieser Politik oft persönlich mit und wird zugleich als seine Nachfolgerin ausgebildet. Als der Vater 51 v. Chr. stirbt, ist sie 18 Jahre alt. Und bestmöglich vorbereitet.

48 v. Chr.
Kleopatra und Caesar

Ein DYNA DUO

Als sich diese beiden zum ersten Mal treffen, steht Gaius Iulius Caesar kurz davor, zum Alleinherrscher im Römischen Reich aufzusteigen. Kleopatra dagegen ist eine Königin ohne Thron, verdrängt durch ihren eigenen Bruder. Im Herbst 48 v. Chr. riskiert die junge Frau alles, sogar ihr Leben, um den Römer für sich zu gewinnen. Und tatsächlich: Sie zieht Caesar in ihren Bann. Werden sie nun gemeinsam die antike Welt umgestalten?

MISCHES

KLEOPATRA, kaum 20 Jahre alt, besticht durch Wagemut und Einfallsreichtum: Im Oktober 48 v. Chr. lässt sich die Ptolemäerin angeblich in einem Sack in den Palast von Alexandria schmuggeln, wo sich Caesar – hier sitzend – aufhält (dieses Bild folgt der leicht variierten Legende, sie sei in einen Teppich eingerollt dorthin gelangt)

TEXT: *Mathias Mesenhöller*

Ein Oktoberabend 48 v. Chr. Über dem Hafen von Alexandria liegt das letzte Tageslicht. Abseits der Kriegsgaleeren, Mannschaftstransporter und zivilen Frachtschiffe sucht ein später Kahn seinen Weg. Nahe bei den Königspalästen legt das Boot an. Ein Mann klettert an Land, schultert einen großen Sack für Bettzeug und macht sich auf den Weg zu einem der herrschaftlichen Tore.

Der Palastbezirk der ägyptischen Metropole ist eine wahrhaft majestätische, weitläufige Anlage. Groß genug, um in einem Teil den jungen König des Landes mit seinem Hofstaat zu beherbergen, Ptolemaios XIII. – und in einem anderen einen so mächtigen wie unwillkommenen Gast. Den Feldherrn und Politiker Gaius Iulius Caesar, Konsul der Römischen Republik. Nach außen hin freundschaftlich verbunden, misstrauen beide einander, belauern sich.

Die Torwachen lassen den Mann mit dem Sack passieren. Arglos – oder weil sie bestochen sind? Schließlich erreicht er einen Raum in jenem Teil des Palastareals, den die Römer belegt haben, und schnürt das Bündel auf. Eine anmutige, 21-jährige Frau schält sich heraus. Unverkennbar vornehm. Es ist die ältere Schwester des Königs, bis vor Kurzem selbst Regentin; dann haben Ptolemaios und seine Berater sie gestürzt und vertrieben. Kleopatra VII.

Nun ist sie heimlich nach Alexandria gekommen, um jenen Mann zu treffen, von dem sie Hilfe erhofft, einen Bund gegen den verhassten Bruder, ihre Rückkehr an die Macht: Caesar. Entschlossen, den Römer zu gewinnen, hat sie sich in den Palast geschmuggelt und begibt sich zu ihm.

So berichtet es der antike Autor Plutarch. Aber stimmt die Darstellung? Das ist ungewiss. Wie fast die gesamte Geschichte des vermutlich berühmtesten *power couple* der Antike ist die Realität nur mühsam zu greifen hinter einem Schleier aus romantischer Erfindung, übler Nachrede, Überhöhung. Und dennoch schimmert durch die Legenden ein erkennbares Bild. Das Bild einer komplizierten, intensiven Beziehung, in der sich Persönliches und Politik vermengen. In der es um Macht geht, natürlich. Vielleicht um Liebe, gewiss um eine gegenseitige Faszination. Vor allem aber um Vorteile, Reichtümer, Glanz.

Mit Gaius Iulius Caesar und Kleopatra VII. treffen zwei der politisch begabtesten Vertreter ihrer Epoche aufeinander, zwei wache, rücksichtslose Lust- und Machtmenschen. Wir wissen nicht, was sie bereden, ob sie miteinander schlafen in jener Oktobernacht im Palast von Alexandria. Wohl aber, dass ihre Begegnung eine neue Perspektive für den gesamten Mittelmeerraum eröffnet.

Denn hier nähern sich nicht nur zwei Menschen einander an, sondern zugleich zwei Staaten, zwei politische Systeme. Auf der einen Seite das vergleichsweise junge, aber bereits gewaltige Imperium im Westen, Rom – dessen republikanische Verfassung indes zerschlissen ist und das eine neue Ordnung sucht. Auf der anderen das alte, halbgöttliche Königtum Ägyptens, des mediterranen Ostens, vermeintlich schwach, in sich verstritten.

CAESARS Überquerung des Flusses Rubikon im Januar 49 v. Chr. ist eine Grenzüberschreitung im doppelten Sinne. Der Feldherr marschiert nicht nur in das Kerngebiet der Römischen Republik ein – sondern reitet zugleich in den Krieg gegen den Senat

KLEOPATRA BERUFT SICH AUF URALTE VORBILDER

MIT ENTSETZEN wendet sich Caesar ab, als ihm 48 v. Chr. in Alexandria der Kopf seines Rivalen Gnaeus Pompeius präsentiert wird. Der Kreis um Kleopatras Bruder hat den Geflüchteten heimtückisch ermorden lassen

Als Kleopatra vor Caesar tritt, steht ihre Existenz auf dem Spiel, ihre persönliche wie die ihres Reichs. Doch die junge Frau ist nicht bereit, ihre Geschicke anderen zu überlassen. Sie ist vielmehr entschlossen, selbst eine prägende Kraft zu sein. So hat sie es von ihrem Vater gelernt, Ptolemaios XII. So entspricht es ihrem Wesen, ihrer Ambition. Und so erfordert es die Lage: Nach ersten Erfolgen auf dem Thron muss sie nun zeigen, ob sie auch tiefste Krisen zu überstehen vermag, harte Macht- und Außenpolitik beherrscht. Der Kampf um ihr Erbe wird Kleopatras Feuerprobe.

Bereits zuvor Mitregentin, übernimmt Kleopatra VII. nach dem Tod des Vaters im Jahr 51 v. Chr. den Thron (siehe Seite 36). Da ist sie wohl 18 Jahre alt, gerade erwachsen. Zwar hat Ptolemaios XII. verfügt, dass sie, die Älteste, die Macht gemeinsam mit ihrem Bruder erben und diesen heiraten soll. Derlei Inzest ist in der Dynastie üblich, vor allem um zu verhindern, dass das Erbe zerfasert. Doch Kleopatras Bruder, Ptolemaios XIII., ist noch ein Kind, etwa zehn Jahre alt. Umgehend gelingt es ihr offenbar, den Jungen beiseite zu drängen. Königliche Dokumente erwähnen ihn nicht, wichtige Rituale vollzieht sie ohne ihn, zeigt sich mit großem Pomp den Untertanen – allein.

Den nötigen Machtinstinkt, das feine Intrigenspiel verdankt sie ihrem Heranwachsen am griechisch-makedonisch geprägten Hof von Alexandria. Derweil stammt ihre Mutter womöglich aus dem ägyptischen Priesteradel, ist Kleopatra mit der uralten Geschichte des Landes aufgewachsen, beherrscht außer dem Griechisch der Herrenschicht die Volkssprache – wohl als erstes gekröntes Haupt seit dem Herrschaftsantritt der Ptolemäer-Dynastie im 4. Jahrhundert v. Chr. Insbesondere im Süden des Reiches, wo die ägyptische Tradition stark ist, dürfte ihr das Sympathie eintragen.

Sie kann sich auf weibliche Vorbilder berufen wie die Pharaonin Hatschepsut, die fast anderthalb Jahrtausende zuvor kraftvoll regiert hat. Mehr noch auf Isis, die mächtige Göttin der ägyptischen Mythologie. Indes haben auch unter den Ptolemäern Frauen seit jeher Macht ausgeübt, nicht minder blutig, oft geschickter als die männlichen Vertreter der Dynastie. Freilich selten im eigenen Namen, sondern offiziell für einen Sohn oder Bruder (der oft zugleich der Gemahl ist). Denn Frauen genießen in Ägypten zwar eine andernorts undenkbare Selbstständigkeit. Sie erben gleichberechtigt, können über ihr Vermögen selbst verfügen, Schiffe, Mühlen, Weingüter ihr Eigen nennen.

Allein, die höchste Macht ist etwas anderes. Offen von einer Frau beherrscht zu werden, scheint gerade den Griechen mit männlicher Ehre nicht vereinbar. Unnatürlich. Vor allem in der Hauptstadt ist die allzu selbstbewusste junge Monarchin unbeliebt. Regelrecht verhasst ist sie den Vormündern ihres Bruders, die sich um die Macht betrogen fühlen.

Und der Himmel scheint ihnen recht zu geben. In Kleopatras zweitem alleinigen Regierungsjahr bleibt die Nilschwemme fast ganz aus, Missernten und Hunger sind die Folge. Die Neider am Hof nutzen die Krise, um den jungen Ptolemaios zurück ins Spiel zu bringen; bald steht auch sein Name auf königlichen Erlassen – vor ihrem. Führender Kopf dieser Clique um den minderjährigen Pharao ist dessen Erzieher, ein Eunuch namens Potheinos.

Januar 49 v. Chr. Weit weg, am winterlichen Flüsschen Rubikon, das die Grenze markiert zwischen der Provinz Gallia Cisalpina in Oberitalien und dem

Kernland der Römischen Republik, zitiert ein römischer Feldherr aus dem Schauspiel eines griechischen Dramatikers: „Der Würfel soll geworfen sein." Dann setzt Gaius Iulius Caesar seine Legionen in Marsch – gegen Rom selbst.

Caesar gehört zu jenen Vertretern der römischen Oberschicht, deren rücksichtsloser Ehrgeiz die Republik am Tiber zersetzt. Als Heerführer weiten sie Roms Imperium Landstrich um Landstrich aus – und verlangen dafür immer mehr Macht und Ehren daheim, teils wider Gesetz und Herkommen. Nun geht Caesar so weit, diesen Lohn mit militärischer Gewalt einzutreiben.

Auch sonst sticht er hervor. Durch Schnelligkeit des Denkens, Entscheidens, Handelns, durch kalte Unverfrorenheit, aber auch Charme und Beredsamkeit, Charisma, eine klug dosierte Mischung von Brutalität und Milde, nicht zuletzt wohl eine dandyhafte Eleganz.

Die Invasion trifft auf wenig Widerstand. Da in Italien kaum Truppen stehen, fliehen die Spitzen der Republik über die Adria, um die Armeen Roms und seiner Vasallen im Osten zu mobilisieren. Als ihr militärischer Befehlshaber dient Gnaeus Pompeius, genannt Magnus, der Große, selbst kaum weniger ruhmsüchtig als Caesar und einst dessen Verbündeter. Er hat im Osten des Imperiums bessere Kontakte als jeder andere; kaum ein Herrscher, der ihm nicht etwas schuldet – einschließlich der Ptolemäer. Ein gewaltiger Bürgerkrieg zeichnet sich ab, ein blutiges Beben im gesamten Mittelmeerraum.

Derweil bleibt eigentümlich unklar, auf was genau Caesar abzielt. Macht, Ruhm, Rache für alte Kränkungen: gewiss. Aber wie eine Lösung aussehen soll, ob er einen persönlichen Vorrang innerhalb der Republik anstrebt oder eine dauerhafte, an eine Königsherrschaft gemahnende Diktatur, oder auch nur Straffreiheit für wiederholte Amtsvergehen – das legt er nie offen. Vielleicht weiß er es selbst nicht. Sondern drängt einfach immer vorwärts.

Im Sommer 49 v. Chr. folgt Ägypten dem Ruf des Pompeius und entsendet Soldaten, Reiter, Schiffe. Den Marschbefehl erteilt das Herrscherpaar aus Ptolemaios und Kleopatra noch einmal gemeinsam. Bald darauf aber flieht Kleopatra aus Alexandria. Die Kamarilla um Potheinos hat endgültig die Oberhand gewonnen, das Heer auf seine Seite gebracht. Plant wohl, die lästige Königin zu beseitigen.

Sie wendet sich vielleicht zunächst nilaufwärts nach Süden, den oberägyptischen Tempelbezirken zu, in denen ihr Rückhalt groß ist. Dort findet sie womöglich den Schutz regionaler Befehlshaber, durchquert unter deren Geleit die Wüste in östlicher Richtung, gelangt per Schiff über das Rote Meer auf die Sinai-Halbinsel. Und schlägt sich weiter durch bis zur Levante. Hier, vermutlich von der Stadt Askalon an der Küste Palästinas aus, beginnt sie Truppen anzuwerben, um ihren Thron zurückzuerobern.

Zum ersten Mal zeigt die Pharaonin, wozu sie unter Druck fähig ist: zähes Durchhalten, Wagemut, entschlossenes Handeln. Sie hat Charisma, findet loyale Gefolgsleute. Und sie lässt sich nicht wegschieben. Von niemandem. Niemals.

Nun beobachtet sie, wie sich jener andere Bürgerkrieg entwickelt, der den ihren letztlich mitentscheiden wird. Der Kampf um die Römische Republik.

Pharsalos, Zentralgriechenland, Abend des 9. August 48 v. Chr. Tausende Leichen bedecken das Schlachtfeld. Pompeius ist auf der Flucht, etliche republikanisch gesinnte Senatoren mit ihm; andere gehen in diesen Tagen auf die Seite des Siegers über: Caesars. Dessen kampferprobte Veteranen und taktisches Geschick haben die zahlenmäßige Übermacht der Republikaner hier, im Osten des

BALD NACH ihrem ersten Treffen müssen Caesar und Kleopatra um ihr Leben kämpfen. Die Gegner der Pharaonin belagern den Palast. Erst im März 47 v. Chr. bringt ein Entsatzheer die Rettung (im Bild: Bellona und Mars, zwei römische Götterfiguren, ringen um Alexandria)

AM NIL BLICKT CAESAR INS PARADIES

KLEOPATRAS Bruder und Rivale Ptolemaios XIII. stirbt in den Kämpfen bei Alexandria, vermutlich ertrinkt er auf der Flucht. Nun kehrt Caesars ägyptische Verbündete auf den Thron zurück (Illustration zum Roman »Cleopatra« von H. Rider Haggard, 1889)

Imperiums, bezwungen. Wenig später wird er von griechischen Priestern als „in Erscheinung getretener Gott" gepriesen. Der Bürgerkrieg scheint entschieden.

So jedenfalls sieht es Kleopatra. Sie sendet einen Boten, gratuliert Caesar zum Sieg sowie den erworbenen göttlichen Ehren und kündigt an, bald ihrerseits für ihr gutes Recht in den Kampf zu ziehen. Caesars Unterstützung wäre ihr dabei eine Freude. Das ist ehrerbietend, werbend – und zugleich unverfroren. Eine junge Exilantin begrüßt den gut 30 Jahre älteren Triumphator gleichsam im Kreis der Gottgleichen, dem sie von Geburt angehört, teilt ihren souveränen Entschluss zum Krieg mit und fleht nicht etwa um Hilfe, sondern schlägt sie freundlich vor. Vermutlich erwartet sie wenig, will sich zunächst bekannt machen, Caesars Aufmerksamkeit.

Wenig später setzt Kleopatra die in Palästina gesammelte Armee in Marsch Richtung Alexandria. Bei Pelusion am Ostrand des Nildeltas, der ägyptischen Sperrfestung an der Grenze zum eigentlichen Pharaonenland, trifft sie auf das Aufgebot ihres Bruders. Abwartend stehen die Heere sich gegenüber.

Da taucht Ende September eine kleine Flotte vor Pelusion auf. Es ist der fliehende Pompeius, der mit seiner Familie Sicherheit sucht – und Mittel, Soldaten, um den Bürgerkrieg fortzusetzen. Der Eunuch Potheinos, Berater und Vormund des Königs, heißt den alten Verbündeten willkommen. Doch noch auf dem Boot, das den Römer vom Schiff ins Lager des Ptolemaios bringen soll, in Sichtweite seiner an Bord zurückbleibenden Frau und des Königs am Ufer, stechen die ägyptischen Begleiter Pompeius nieder, schneiden ihm den Kopf ab und werfen den restlichen Leichnam ins Meer. Ein unerhörter Verrat, Frevel an einem Gastfreund. Aber offenbar halten es die Männer um Potheinos für an der Zeit, die Seite zu wechseln, sich ebenfalls dem Sieger Caesar anzudienen.

Wenige Tage später erreicht jener auf der Jagd nach seinem Widersacher Alexandria. Als ihm einer der Berater des Königs nun Kopf und Siegelring des Ermordeten bringt, zeigt er sich keineswegs erfreut – sondern erschüttert, ja weint angeblich über den schmachvollen Tod eines großen Mannes und vormaligen Bundesgenossen. Mancher antiker Autor will darin freilich Krokodilstränen sehen, dramatische Heuchelei.

Derweil mögen die Auftraggeber des Mordes annehmen, dass Caesar nach dem Ende des Pompeius und ihrem Wechsel auf seine Seite zufrieden weiterreisen wird, andere Sorgen hat als Ägyptens Geschwisterstreit. Stattdessen jedoch lässt sich der Römer im königlichen Bezirk von Alexandria nieder.

Die Anlage kann einem Römer den Atem verschlagen. Ein ausgedehnter Komplex aus Gärten, überdachten Säulengängen und etlichen Palastbauten, im Innern ausgeschmückt mit Gold, Edelsteinen und Perlmutt, Zedernholz und persischen Teppichen, Malereien, Mosaiken. Der Prunk übertrifft jeden anderen Ort der alten Welt, von Rom zu schweigen. Und während die damalige Metropole am Tiber noch karg, schmutzig und verwinkelt ist, strahlt das streng gegliederte Alexandria in blendendem Weiß, wird von einer großzügigen Magistrale durchzogen, durchweht von frischen Seebrisen. Eine grandiose Bibliothek beherbergt das Weltwissen der Zeit; allenthalben findet sich Kunst von überragender Qualität.

Für Caesar, der im Gegensatz zu vielen seiner konservativen Landsleute die verfeinerte, scheinbar dekadente Hochkultur der griechischen Welt, zu der auch die Hauptstadt des ptolemäischen Ägyptens zählt, nicht verachtet, sondern durchaus genießt, ist es vermutlich ein Blick ins Paradies.

Dass er bleibt, hat andere Gründe. So will er die Gelegenheit nutzen, um zumindest Teile einer gigantischen Summe einzutreiben, die der verstorbene Ptolemaios XII. ihm einst zu zahlen versprochen hatte – das Geld braucht Caesar dringend, um seine Truppen zu entlohnen. Auch ist Ägypten mit seinen Getreideexporten für Rom zu wichtig, um es ins Chaos taumeln zu lassen. Also lädt er die verfeindeten Geschwister zu sich, um ihren Streit zu schlichten – nachdem er zuvor von Verbündeten am östlichen Mittelmeer Verstärkungen angefordert hat. Die stolzen Alexandriner machen keinen Hehl daraus, dass sie die Römer als Besatzer und Blutsauger empfinden; es kommt zu Tumulten, Toten. Und Caesar hat zur Verfolgung des geschlagenen Pompeius nur eine eher kleine Truppe von einigen Tausend Kämpfern mitgenommen. Er improvisiert.

Ptolemaios XIII. reist bald mit seinem Gefolge von Pelusion aus an und nimmt ebenfalls auf dem weitläufigen Palastgelände Quartier. Für Kleopatra hingegen ist der Weg versperrt durch die Armee und Kontrollposten ihres Bruders. Offen nach Alexandria zu ziehen, wäre womöglich ihr Tod. Nicht zu erscheinen, ihre gewisse Niederlage. So begibt sie sich mit einer geringen Schar Vertrauter auf Schleichwege, Umwege, erreicht im Abenddämmer eines Oktobertages Alexandrias Hafen und lässt sich, folgt man der Darstellung des Plutarch, in einen großen Sack schnüren, als vermeintliches Bettzeug in den Palast schmuggeln.

Nicht auszuschließen, dass Caesar sie erwartet, es geheime Vorabsprachen gibt. Gewiss hingegen kriecht sie nicht vor dem Römer aus ihrer Tarnung, sondern vorher, macht sich zurecht. Tritt mit der Würde einer Königin vor den Konsul der Republik. Fast ebenso gewiss überwältigt sie den Sieger von Pharsalos nicht mit unwiderstehlicher Schönheit. Vermutlich ist Kleopatra eher zierlich, starke Nase, markantes Kinn, sicherlich exquisit gepflegt (die Behauptung, sie bade täglich in Eselsmilch, um eine zarte Haut und gefälligen Teint zu erhalten, dürfte allerdings eine reine Erfindung späterer Zeiten sein).

Caesar, 52 Jahre alt, hoch geboren, höher gestiegen, hat mit großen Damen geschlafen, mit Käuflichen, eventuell mit Männern. Wie wohl in der römischen Oberschicht üblich, unterhält er zu Ehe und Sex ein unsentimentales, auf Vorteil und Genuss gerichtetes Verhältnis. Eine feine Haut, attraktives Äußeres mag er schätzen; verwirren dürften sie ihn kaum.

Eher beeindruckt ihn Kleopatras Auftreten. Ihr Stolz, ja Hochmut, der mondäne Charme, beides womöglich gesteigert dadurch, dass sie dieser märchenhaften Welt entstammt, sie beherrschen könnte. Eine überaus angenehme Stimme, Beredsamkeit, geistreicher Witz neben frivoler Lust an teuersten Stoffen, üppigem Schmuck. Vor allem aber eine schnelle Auffassung, ein scharfer politischer Verstand. Vermutlich trifft Caesar zum ersten Mal eine Frau, die ihm in dem Maße ebenbürtig ist. Innerlich und nach ihrem Stand unabhängig, so einfallsreich und wagemutig wie er selbst.

Denn Kleopatra riskiert viel. Lässt der Römer sie abblitzen zugunsten der traditionelleren, männlichen Lösung, ihres Bruders, und liefert sie aus, ist sie tot. Doch ohne seine Unterstützung verliert sie den Thron endgültig. Also begibt sie sich in das Wagnis dieser Nacht.

IN HISPANIEN hat Caesar 49 v. Chr. bei Ilerda (rechts) über die Anhänger des Pompeius gesiegt. Vier Jahre später schlägt er das von dessen Söhnen angeführte letzte Aufgebot der Republikaner bei Munda im Süden der Iberischen Halbinsel. Der Bürgerkrieg ist damit entschieden

DIE PHARAONIN GEBIERT CAESARS SOHN

Deren Ausgang bestimmen weniger ihr Aussehen und Schmuck, nicht einmal ihre Aura. Sondern Kleopatras Argumente, und wahrscheinlich die Fähigkeit, sie treffsicher vorzutragen: Steht ihr nicht zumindest die halbe Macht von Rechts wegen zu? Hat sie sich nicht bereits auf dem Thron bewährt? Hat nicht ihr Bruder mit dem Mord an Pompeius Roms Rechte und Ehre verletzt? Ist nicht Caesar besser gedient mit einer verlässlichen Königin von seinen Gnaden als mit dem Schwächling Ptolemaios und dessen verräterischen Vormündern? Zudem, so schildert der römische Dichter Lucanus ihre Ausführungen, sei eine Frau an der Macht in Ägypten kein Problem. Dass es so einfach nicht ist, wissen beide. Eben darin aber liegt das Raffinierte. Indem Kleopatra auf ihren Schwachpunkt hinweist, wenn auch leugnend, macht sie sich noch einmal überzeugender.

Caesar braucht in Ägypten einen fähigen Regenten – der gleichwohl nicht so stark sein darf, dass er mit den Reichtümern und Machtmitteln des Landes, vor allem mit den Getreidelieferungen für Rom, erfolgreich eigene Ziele verfolgen kann. Daher scheiden eine Annexion und die Einsetzung eines römischen Gouverneurs aus – der könnte zu leicht versuchen, selbst mehr Einfluss im Imperium zu beanspruchen. Aber auch ein einheimischer König bleibt stets ein Risiko. Eine weibliche Monarchin allerdings, so mag Caesar überlegen, auch eine erfolgreiche, wäre eher auf seinen, Caesars Rückhalt angewiesen. Eine nahezu ideale Kombination.

Vermutlich kommt bereits an diesem Punkt eine menschliche Faszination hinzu. Ein wechselseitiges Empfinden, einander verwandt zu sein. Schlagfertigkeit, Charme, Wissbegier, Genusssucht, Skrupellosigkeit, Arroganz, Ehrgeiz ohne Maß. Hat Caesar eben den Beinamen eines Gottes erlangt, so ist Kleopatra göttlich von klein auf. Ist sie Abkömmling einer der mächtigsten Familien der Welt, so häuft er gerade größere Macht auf als jeder Römer vor ihm. Beruft sich ihre Dynastie auf den Welteroberer Alexander den Großen, so träumt er davon, der neue Alexander zu werden. Politisches Kalkül und persönliche Anziehung verstärken einander, in welchem Verhältnis auch immer. Unklar bleibt, ob und wie weit beider Fantasien über den Moment hinausgehen. Fest steht, Kleopatra will zurück an die Macht. Und Caesar zeigt sich bereit, sie zu stützen.

In den späten Oktobertagen verkündet Caesar eine Schlichtung, die beide Geschwister wieder in die ererbten Rechte als Doppelherrscher einsetzt. Allein, Kleopatras größere Erfahrung, ihr neu gewonnener Patron sowie eine gezielte Schwächung der Räte um Ptolemaios weisen ihr die deutlich überlegene Position zu. Der düpierte Jüngling und sein Kreis sind nicht bereit, die Zurücksetzung hinzunehmen. Wohl zuvor schon haben sie die romfeindliche Stimmung in der Stadt angeheizt, nun brechen erneut schwere Tumulte aus. Fliegen Steine von der Straße auf das Palastgelände, begleitet von herausgeschrienem Hohn und Hass. Und sind Reiter unterwegs, die bei Pelusion stehende königliche Armee herbeizurufen.

Spätestens als Caesar vom Anmarsch der ägyptischen Einheiten erfährt, muss er begreifen, dass er sich verrechnet hat, dass Kleopatras Rückhalt in Alexandria geringer, der Kampfgeist ihrer Gegner größer ist als erwartet. Die Königin und er sitzen mit einer viel zu kleinen Truppe in der Falle.

Mitte November rückt die Armee aus Pelusion in Alexandria ein, während Legionäre noch Barrikaden um den inneren Palastbereich am Hafen errichten, eine Art Festung schaffen. Dann beginnt die Belagerung.

CAESARS SIEG über seine Feinde scheint total. Im Februar 44 v. Chr. ernennt ihn der Senat zum Diktator auf Lebenszeit (hier der Feldherr bei einem Triumphzug)

Auf jeden Verteidiger kommen fünf Angreifer. Indes sind Caesars Soldaten erfahrener, und sie wissen, dass sie um ihr Leben kämpfen. Um einer Landung von See her zuvorzukommen, setzen sie die im Hafen liegende ägyptische Flotte in Brand, das Feuer greift auf Lagerhäuser am Ufer über (dass es auch die berühmte Bibliothek von Alexandria vernichtet, ist ein späteres Missverständnis).

Bald treffen die ersten von Caesar angeforderten Verstärkungen ein. Als jedoch die Römer einen Gegenangriff unternehmen, erleiden sie hohe Verluste, kann Caesar selbst sich nur schwimmend zurück in den Palast retten.

Und Kleopatra? Es scheint ausgeschlossen, dass sie den Ausgang des Ringens tatenlos abwartet. Doch anders als Caesar schreibt sie später weder selbst einen Tatenbericht, noch vermelden die Chronisten etwas. So lässt sich ihre Rolle nur ahnen. Womöglich stoßen Gruppen ihrer in Palästina angeheuerten Soldaten nach Alexandria durch. Lenkt sie weiterhin Beamte und Diener, unterhält Verbindungen nach außen, gar bis zu ihrer Machtbasis in Oberägypten. Vor allem aber steuert sie ihre Kenntnis der Verhältnisse bei, berät und leitet vermutlich Caesar bei wichtigen Entscheidungen.

Der hat bereits kurz vor Beginn der Belagerung Ptolemaios und Potheinos festsetzen lassen. Kleopatra drängt früh, den verhassten Eunuchen zu beseitigen. Als sich endlich Hinweise finden, dass er insgeheim Kontakt mit den Belagerern hält, lässt Caesar ihn ohne Zögern enthaupten.

Von größerer Tragweite ist der Entschluss Anfang des Jahres 47 v. Chr., Ptolemaios gehen zu lassen. Unterhändler der Alexandriner haben es erbeten, vorgeblich als einen Schritt zum Frieden. Freilich begreifen Caesar und erst recht Kleopatra, dass es nicht um Annäherung geht. Sondern darum, den König an die Spitze ihrer Gegner zu stellen. Eben deshalb aber, so lässt sich mutmaßen, willigen sie ein: Um Ptolemaios in einen Bruch des vermeintlichen Vertrauens zu locken, in die Schlacht, letztlich den Tod – auf elegantere Weise, als ihn schnöde zu ermorden. Ein Spiel mit Masken, Lügen, hohem Risiko, wie es Kleopatra früh am Hof von Alexandria gelernt hat.

Ihr Bruder verabschiedet sich unter Tränen und Freundschaftsschwüren. Und schlägt sich sofort auf die Seite der Belagerer. Noch einmal werden deren Sturmläufe härter.

Da taucht im März endlich das ersehnte große Entsatzheer von Caesars Verbündeten vor Alexandria auf. Er selbst bringt seine verbliebenen Kämpfer mit einem nächtlichen Täuschungsmanöver aus der Stadt, vereinigt sie mit den Truppen. In der folgenden Schlacht erleiden die Ägypter eine vernichtende Niederlage. Auch ihr junger König, Kleopatras Bruder Ptolemaios XIII., kommt dabei um, ertrinkt wohl auf der Flucht im Nil.

Caesar zieht im Triumph zurück in die Stadt; Siegesfeiern, Bankette, Spiele besiegeln Kleopatras Rückkehr auf den Thron. Offizieller Mitregent wird nun ihr jüngerer, elf- oder zwölfjähriger Bruder, der den üblichen Herrschernamen der Dynastie – moderner Zählung gemäß als Ptolemaios XIV. – annimmt. Eine Verbeugung vor der Tradition. Er wird keine ernsthafte Rolle spielen.

Beide Partner, Kleopatra und Caesar, haben ihre unmittelbaren Ziele erreicht. Roms kommender Alleinherrscher verfügt in Ägypten über eine ihm persönlich vertraute Machthaberin; die Pharaonin sitzt in ihrem Reich fester im Sattel

EIN GEFOLGE aus Hofdamen, Köchen Schreibern und Leibwachen begleitet Kleopatra im Sommer 46 v. Chr. auf ihrer ersten Reise nach Rom. Die Bewohner der Tiberstadt sind fasziniert von der für sie exotischen Potentatin (hier eine Szene in Ägypten) – aber auch schockiert

KLEOPATRA TUT DAS RICHTIGE: NICHTS

EIN ATTENTAT mitten im Senat wird Caesar am 15. März 44 v. Chr. zum Verhängnis. Zahlreiche Mitglieder des Gremiums wollen seine Alleinherrschaft nicht dulden

denn je. Wohl im Juni 47 v. Chr., nach unerwartet vielen Monaten zwischen Todesgefahr und Triumph, reist Caesar aus Alexandria ab.

Da ist Kleopatra längst unübersehbar schwanger.

Das Meer ist gefährlich; wer nicht davon lebt wie Fischer, Kauffahrer oder Piraten, bleibt an Land. Ist aber eine Seereise nicht zu vermeiden, halten sich die Schiffer möglichst in der Nähe der Ufer. So ist es eine langwierige, nervenzehrende Fahrt, auf die sich Kleopatra VII. im Sommer 46 v. Chr. einlässt.

Ihr Geschwader nimmt wahrscheinlich zunächst Kurs nach Osten, dann entlang der Küsten Palästinas, Syriens und des südlichen Kleinasiens, durch die Ägäis und das Ionische Meer zur Straße von Messina, und gleitet schließlich an der Westküste des italienischen Festlands vorbei bis Puteoli in Kampanien, das als Hafen Roms dient. Nach etlichen Wochen auf See besteigt die Königin eine Sänfte oder Kutsche, das Gepäck wird auf eine Karawane von Wagen und Tragtieren verladen, und der ägyptische Hofstaat macht sich auf den dreitägigen Landweg an den Tiber.

Kleopatras erster Blick auf Rom muss ernüchternd sein. Ein reizloses, räudiges Durcheinander. Jemandem, der Alexandria gewohnt ist, kann die Metropole des Imperiums wenig bieten. Außer: Macht. Deshalb ist sie hier.

Seit der Rückkehr auf den Thron hat sie mit Geschick und teils brutaler Härte gegen Widersacher ihre Herrschaft über Ägypten gefestigt. Nun will sie ihren außenpolitischen Bund mit Rom erneuern und stärken.

Mit ihrem Gefolge aus Leibwache, Beamten, Schreibern, Kurieren, Ärzten, Köchen sowie etlichen Dienern und Dienerinnen bezieht sie ein weitläufiges Anwesen Caesars jenseits des Tiber. Nicht zuletzt mit ihrem minderjährigen Bruder und Mitregenten – sowie dem einjährigen Sohn Kaisar. Dieser trägt den Namen seines Erzeugers, nur griechisch geschrieben, von der Aussprache her aber gleich; die Alexandriner allerdings nennen ihn mit mildem Spott Kaisarion (lateinisch Caesarion), das „Caesarlein".

Ägyptens Königin macht kein Geheimnis daraus, wer der Vater ist. Im Gegenteil, sie streicht die Abkunft des Jungen öffentlich heraus. Die enge Verbindung mit Roms starkem Mann verspricht ihr wie ihrem künftigen Thronfolger Prestige und Schutz. Caesar, der sonst keine Kinder hat (seine einzige Tochter ist früh verstorben), lässt es zu. Eine rechtskräftige Anerkennung indes bleibt aus.

Der offizielle Anlass der Reise ist denn auch rein politisch: Ägyptens Herrscherin kommt, um den Titel zu erhalten, den schon ihr Vater trug, „Freund und Bundesgenosse des römischen Volkes" – eine diplomatische Ehre und eine Sicherheitsgarantie, die den Aufwand wert ist. Welche weiteren Ziele sie verfolgt, ob Emotionen eine Rolle spielen, was Caesar erhofft oder plant, dazu ist nichts überliefert. Ebenso bleibt unklar, ob Kleopatra das Kind vor allem aus Neigung oder Berechnung empfangen und zur Welt gebracht hat, wie sich der Vater ihm gegenüber verhält.

Fest steht, dass ihr Aufenthalt in Rom zum Ereignis gerät. So groß ihr Gefolge sein mag, gibt sie sich nach den Maßstäben einer ägyptischen Herrscherin zwar durchaus zurückhaltend, verzichtet wohl auf glamouröse Auftritte (ein pompöser Einzug in die Stadt hat sicherlich nicht stattgefunden). Dennoch ist die Pharaonin für viele Römer ein Ärgernis, ein Affront zumal für Caesars römische Gemahlin Calpurnia. Aber zugleich aufregend exotisch. Bald spricht sich zudem wohl herum, dass sie auch mit Redegabe und Witz, umfassender Bildung glänzt. Mit einem selbst unter hochgeborenen Römerinnen unüblichen, ja als ungebührlich empfundenen Intellekt.

Offenkundig sind Caesars Ehebruch und das illegitime Kind allenfalls der halbe Skandal; derlei kommt in Rom vor. Größeren Anstoß vielleicht erregt Kleopatras offen zur Schau gestellte, selbstbewusste Unabhängigkeit. Im Leben einer römischen Frau trifft zumindest formal ihr Vater alle wichtigen Entscheidungen, später ihr Mann. Die meisten Römerinnen fügen sich dem Ideal, züchtig zu schweigen und sich der Hausarbeit zu widmen. Kleopatra dagegen handelt auf eigene Rechnung, belehrt Männer, überschreitet Grenzen. Wenn so eine mit Caesar ein Kind hat, so mag es mancher empfinden, was hat dann die Welt von diesem Paar noch zu erwarten?

Neigt doch Caesar inzwischen selbst zu Traditionsbrüchen im Geist des Ostens. Seit dem Aufbruch aus Alexandria hat er fast alle seine verbliebenen Gegner bezwungen, schwere Unruhen in Italien selbst befriedet, immer mehr Macht auf sich vereint. Bei einem Triumphzug hat er sich von mit Fackeln bestückten Elefanten geleiten lassen wie ein orientalischer Potentat; allzu penetrant betont er die alte Legende, seine Familie stamme von der Göttin Venus ab – wohl eine Anlehnung an Kleopatra, die sich als Isis stilisiert, jene ägyptische Göttin, die manchmal mit Venus gleichgesetzt wird. Er plant eine monumentale Bibliothek im Stil hellenistischer Monarchen; mit der Hilfe von Gelehrten aus Alexandria führt er einen neuen Kalender ein (der später nach ihm der julianische heißen und in Europa bis in die Neuzeit gelten wird).

Ende des Jahres zieht Caesar abermals ins Feld, nach Hispanien, gegen den letzten Widerstand unter zwei Söhnen des Pompeius. Einiges spricht dafür, dass Kleopatra in dieser Zeit nach Alexandria zurückkehrt, um ihre Macht nicht durch eine zu lange Abwesenheit zu gefährden. Und dass sie um die Jahreswende 45/44 v. Chr. die Reise erneut auf sich nimmt, da Caesar nach seinem nun endgültigen Sieg das Imperium grundlegend neu ordnen will. Ihr Minimalziel muss sein, weiter von den ruinösen Zahlungen verschont zu bleiben, mit denen ihr Vater einst Roms Unterstützung erkaufte, die Caesar von ihr hingegen bisher nur in erträglichem Umfang fordert. Das wäre schon viel. Aber kaum genug für ihren Ehrgeiz.

NACH DEM TOD Caesars bricht ein neuer Machtkampf in Rom aus, der Kleopatra vor eine gewaltige Herausforderung stellt: Wie soll sie ihr Reich ohne den ermordeten Patron sichern?

Es sind diese späten Monate Kleopatras in Rom, die das größte Rätsel aufgeben. Was haben sie und Caesar vor? Haben sie überhaupt etwas vor, gemeinsam? Etwa die Errichtung einer Monarchie nach orientalischem Vorbild im größten Reich der Zeit? Die Gründung einer julischptolemäischen Dynastie, deren Weltgeltung die des großen Alexander in den Schatten stellt?

Nach Jahrzehnten immer neuer Krisen hat der Bürgerkrieg noch einmal gezeigt, dass sich Roms Imperium mit dem Ämterapparat der alten Stadtrepublik nicht mehr kontrollieren lässt, schon gar nicht angesichts der Dauerrivalität zwischen den Clans der Oberschicht.

Derweil hat Caesar in Ägypten ein anderes Modell kennengelernt, eine starke, rational geordnete Verwaltung unter einer Herrscherfigur, die als ein Gott verehrt wird. Die konservativen unter seinen römischen Mitbürgern, die an allem Althergebrachten festhalten wollen, ebenso die besonders auf ihre Ungebundenheit, ihren Einfluss, den Rang ihrer Familien bedachten Angehörigen der höchsten

Schichten nennen es schlicht Tyrannei, erbärmliche Unfreiheit. Caesar hingegen, der Verächter von Konventionen und begnadete Populist, charismatischer Feldherr, der angeblich mehr als 300 Schlachten geschlagen hat, mag in einer sakral überhöhten Monarchie Roms Zukunft erblicken. Und seine eigene.

Mit Kleopatra an seiner Seite? Beide sind beliebt bei den weniger privilegierten Schichten ihrer Reiche, nicht obwohl sie ein anrüchiges, großzügiges, göttergleiches Leben führen – sondern deshalb eher noch mehr. Und gegenüber der altrömischen, dauerhaft streitenden Republik mag die Idee einer übermächtigen, ordnenden Hand für viele verführerisch wirken.

Fest steht, dass Caesar sich nie gesehene diktatorische Vollmachten übertragen lässt. Anhänger bringen ihm die Insignien eines Königs dar. Er lehnt ab. Seine Gegner sehen darin gleichwohl den Versuch, die Chancen einer Autokratie auszuloten. Einen ersten Anlauf womöglich gar, inspiriert von seiner pharaonischen Gefährtin das Herrschaftsmodell Ägyptens auf Rom zu übertragen. Belege gibt es nicht. Wie einst im belagerten Palast von Alexandria bleibt Kleopatras Einfluss im Dunkel. Eine zugleich unübersehbare und unsichtbare, geheimnisvolle Sphinx.

15. März 44 v. Chr. Am späten Vormittag lässt sich Caesar in einer Sänfte zu dem einst von Pompeius errichteten Theater bringen, wo in einem mit dessen Statue geschmückten Saal der Senat tagt. Der angestammte Versammlungsort des Gremiums ist bei einem Aufruhr während der vorangegangenen Bürgerkämpfe abgebrannt. Zu Beginn der Sitzung kommt ein Senator mit einer Bitte auf den Diktator zu, andere treten unterstützend heran – da blitzt ein Dolch auf, ein weiterer. Und noch einer. Rund zwei Dutzend Verschwörer stechen zu. Minuten später liegt Caesar leblos in einer Blutlache. Über ihm das Standbild des Pompeius.

Als Kleopatra von dem Anschlag erfährt, tut sie instinktiv das Richtige: nichts. Sie duckt sich weg. Redet nicht, greift nicht ein. Einen Monat später ist sie abermals auf See. Wahrscheinlich trauert sie. Politisch womöglich um die Idee eines römisch-hellenisch-ägyptischen Weltreichs. Persönlich um ihre Sicherheit, den verlorenen Status, auch ihres nun vaterlosen Sohnes. Vielleicht um den vertrauten Menschen. Den unvergleichlichen Partner.

Zurück in Alexandria richtet sie sich in der neuen Realität ein. Abermals zeigt sie bedenkenlose Härte und lässt etwa ihren Bruder ermorden, den Knaben Ptolemaios XIV. Sei es, weil es Hinweise auf eine Opposition in seinem Namen gibt – sei es bloß, um einer solchen Gefahr vorzubeugen. An seiner Statt erhebt sie den dreijährigen Caesarion zum Mitregenten unter dem Namen Ptolemaios (XV.), um weiterhin ein männliches Pendant zu haben, den Sohn als Thronfolger einzuführen.

Kleopatra ist jetzt 25 Jahre alt – und eine bewährte Herrscherin. Vieles hat sie erreicht, an Reife gewonnen, sich zu behaupten gelernt. Insbesondere hat sie ihre aus der Sicht der Epoche größte Schwäche, ihr Geschlecht, in eine Stärke gewandelt. Zum einen, indem sie Caesar überzeugen konnte, dass eine Frau die für ihn beste Lösung an der Spitze Ägyptens sei. Zum anderen, indem sie es vermochte, zu Roms Machthaber eine besondere, vielschichtige Beziehung aufzubauen, mit dem gemeinsamen Sohn gar eine dynastische Verbindung zu schaffen.

Geschickt hat sie Caesars Unterstützung genutzt, um Ägypten unabhängig zu halten, als letztes Großreich im römischen Einflussgebiet. Hat Gegner beseitigt, ihren Glanz vor den Untertanen gemehrt. Sodass sie beim Tod ihres Patrons unangefochten herrscht wie die ptolemäischen Könige schon seit Generationen nicht mehr. Kleopatra hat ihre Feuerprobe bestanden. Doch nun muss sie abwarten, was in Rom weiter geschieht. ◊

LITERATURTIPPS

MARTIN JEHNE
»Caesar«
Kurzgefasste Biografie des Staatsmannes (C. H. Beck).

BERNARD ANDREAE U. A.
»Kleopatra und die Caesaren«
Optisch und inhaltlich reichhaltiger Ausstellungskatalog (Hirmer).

Lesen Sie auch »Caesar: Der Weg in die Diktatur« (aus GEOEPOCHE Nr. 50) über das Ende der Republik auf *www.geo-epoche.de*

IN KÜRZE

49 v. Chr. wird Kleopatra von ihren Rivalen bei Hofe von der Macht verdrängt, doch dann eröffnet ihr der Bürgerkrieg in Rom eine neue Perspektive: Als Gaius Iulius Caesar ein Jahr später nach Ägypten kommt, das seine Gegner unterstützt hat, gelingt es Kleopatra, ein Bündnis mit ihm zu schließen – und so ihren Thron zurückzuerobern. Die Allianz der beiden, die zugleich auch Romanze ist, hält bis zu Caesars Ermordung.

AUS DER GESCHICHTE LERNEN

1 Jahr GEO EPOCHE lesen oder verschenken
und Wunsch-Prämie sichern

01 GEO EPOCHE KOLLEKTION „Das Mittelalter"
- Der Alltag in einer bewegten Zeit
- Wichtige Ereignisse, Personen und Orte
- 200 Seiten, zahlreiche Abbildungen

Ohne Zuzahlung

02 10,– € Amazon.de-Gutschein
- Für Ihre nächste Online-Shopping-Tour
- Riesige Auswahl, täglich neue Angebote
- Technik, Bücher, DVDs, CDs u.v.m.

Ohne Zuzahlung

Gleich bestellen – diese und viele weitere Prämien unter:

www.geo-epoche.de/abo | +49 (0) 40 / 55 55 89 90

Bestell-Nr. OHNE DVD selbst lesen **216 9546** | verschenken **216 9586** | mit 40% Studierenden-Rabatt lesen (ohne Prämie) **216 9606**
Bestell-Nr. MIT DVD selbst lesen **216 9646** | verschenken **216 9626** | mit 40% Studierenden-Rabatt lesen (ohne Prämie) **216 9627**

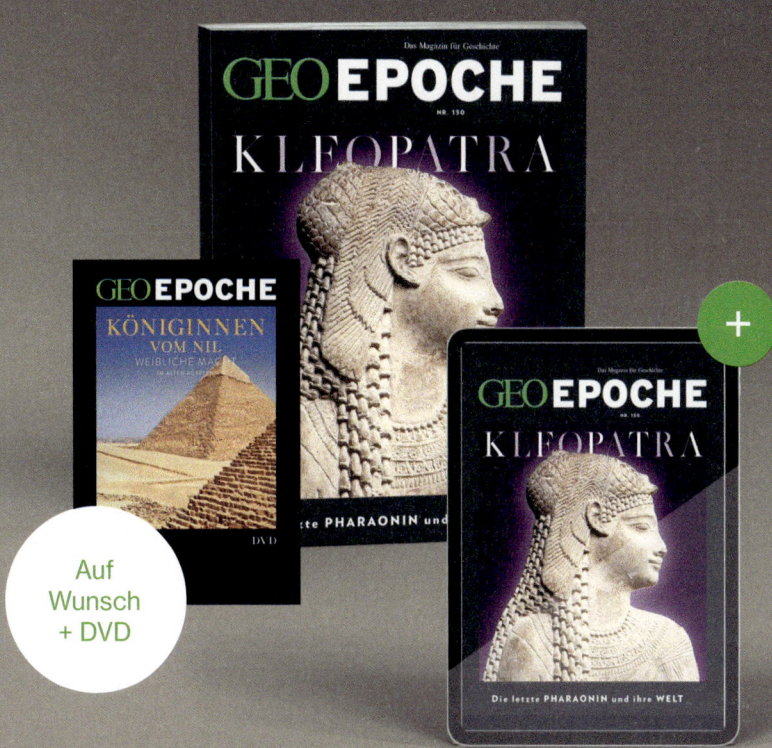

Auf Wunsch + DVD

- 7x GEO EPOCHE inklusive Sonderausgabe portofrei nach Hause
- Danach monatlich kündbar
- Jede Ausgabe auch mit spannender Dokumentation auf DVD erhältlich
- **INKLUSIVE DIGITALER AUSGABEN** Zum Lesen auf Tablet, Smartphone oder PC

03 GEO-Kalender „Deutschland" 2025
- 12 Traumziele mit Heimvorteil
- Von der See bis zu den Alpen
- Format: 50 × 45 cm

Zuzahlung: nur 5,– €

04 BLAUPUNKT Smartwatch
- Uhrzeit, Stoppuhr, Weckfunktion, Vibrationsalarm
- Viele weitere praktische Funktionen für z.B. Kommunikation, Sport und Gesundheit
- Lieferung inkl. Ladestation

Zuzahlung: nur 5,– €

Am schnellsten bestellen Sie per QR-Code:

Scannen Sie einfach den rechts abgebildeten QR-Code mit der Kamera- oder QR-Code-App Ihres Smartphones und sichern Sie sich alle GEO EPOCHE-Vorteile!

7 Ausgaben GEO EPOCHE inkl. Sonderausgabe und digitaler Ausgaben für zzt. nur 98,– € (ohne DVD) bzw. 129,– € (mit DVD) – ggf. zzgl. einmaliger Zuzahlung für die Prämie. Studierende lesen mit 40 % Rabatt (ohne Prämie). Es besteht ein 14-tägiges Widerrufsrecht. Zahlungsziel: 14 Tage nach Rechnungserhalt. Anbieter des Abonnements ist Gruner+Jahr Deutschland GmbH. Belieferung, Betreuung und Abrechnung erfolgen durch DPV Deutscher Pressevertrieb GmbH als leistenden Unternehmer.

GEO EPOCHE
Das Magazin für Geschichte

IMPRESSUM

CHEFREDAKTION: Jürgen Schaefer, Katharina Schmitz
REDAKTIONSLEITUNG: Joachim Telgenbüscher
MANAGING DESIGNERIN: Tatjana Lorenz
GESCHÄFTSFÜHRENDE REDAKTEURIN: Maike Köhler
TEXTREDAKTION: Jens-Rainer Berg (Konzept dieser Ausgabe), Kirsten Bertrand, Insa Bethke, Dr. Anja Fries, Dr. Mathias Mesenhöller, Johannes Teschner
BILDREDAKTION: Julia Franz, Christian Gargerle
GRAFIK: Frank Strauß
KARTOGRAFIE: Ralf Bitter (frei), Klaus Kühner (frei)
QUALITY BOARD – VERIFIKATION, RECHERCHE, SCHLUSSREDAKTION: Leitung: Tobias Hamelmann, Stellvertreterin: Melanie Moenig; Dirk Krömer, Andreas Sedlmair, Stefan Sedlmair (Koordination GEO*EPOCHE*); Elke von Berkholz, Lenka Brandt, Regina Franke, Hildegard Frilling, Dr. Götz Froeschke, Cornelia Haller, Sandra Kathöfer, Judith Ketelsen, Petra Kirchner, Jeanette Langer, Michael Lehmann-Morgenthal, Kirsten Maack, Susan Molkenbuhr, Alice Passfeld, Christian Schwan, Bettina Süssemilch, Torsten Terraschke
HONORARE/SPESEN: Andrea Gora-Zysno, Heidi Hensel, Daniela Klitz, Katrin Schäfer, Carola Scholze, Katrin Ullerich

VERANTWORTLICH FÜR DEN REDAKTIONELLEN INHALT: Jürgen Schaefer, Katharina Schmitz

VICE PRESIDENT NEWS, WIRTSCHAFT & WISSEN (PRINT/DIGITAL): Bianca Wannemacher
PRODUCT MANAGEMENT: Saskia Schröder
SALES DIRECTION: Mona Biehl
MARKETING DIRECTION: Stefan Bromberg
PRESSE- UND ÖFFENTLICHKEITSARBEIT: Bettina Klauser, Michelle Wilbois

LIZENZEN: BRANDS Licensing by G+J: Siegel und Sonderdrucke, Koordination: Petra Martens, Anfragen: Markus Disselhoff, E-Mail: markus.disselhoff@rtl.de
VERANTWORTLICH FÜR DEN ANZEIGENTEIL: Petra Küsel, Director Brand Print + Crossmedia, Ad Alliance GmbH, Am Baumwall 11, 20459 Hamburg. Es gilt die jeweils aktuelle Preisliste unter www.ad-alliance.de
HERSTELLUNG: G+J Herstellung, Heiko Belitz (Ltg.), Oliver Fehling
Druckvorstufe: Mohn Media Mohndruck GmbH, Gütersloh
Druck: Quad/Graphics, Wyszków

Gruner + Jahr Deutschland GmbH
Sitz von Verlag und Redaktion:
Koreastraße 7, 20457 Hamburg.
Postanschrift der Redaktion:
Brieffach 24, 20444 Hamburg.
Telefon: 040 / 37 03-0
Internet: www.geo.de/epoche

Heftpreis: 14,00 Euro (mit DVD: 19,50 Euro)
ISBN: 978-3-652-01510-3;
978-3-652-01516-5 (Heft mit DVD)
ISSN: 1861-6097
© 2024 Gruner + Jahr Deutschland GmbH
Bankverbindung: Deutsche Bank AG Hamburg,
IBAN: DE 30 2007 0000 0032 2800 00,
BIC: DEUTDEHH

GEO-LESERSERVICE

FRAGEN AN DIE REDAKTION
E-Mail: briefe@geo-epoche.de

BESTELLADRESSE FÜR GEO-BÜCHER, GEO-KALENDER, SCHUBER ETC.
Anschrift: GEO-Versand-Service,
74569 Blaufelden
Telefon: +49 / 40 / 42 23 64 27
Telefax: +49 / 40 / 42 23 66 63
E-Mail: guj@sigloch.de

ABONNEMENT- UND EINZELHEFTBESTELLUNG
Online-Kundenservice:
www.geo.de/kundenservice
Telefon: 0049 / 40 / 55 55 89 90
Service-Zeiten: Mo-Fr 7.30 bis 20.00 Uhr, Sa 9.00 bis 14.00 Uhr
Postanschrift: GEO*EPOCHE* Kundenservice, 20080 Hamburg

Preise Jahresabonnement:
98,00 € (D), 108,50 € (A), 154.00 sfr (CH)
mit DVD:
129,00 € (D), 145,50 € (A), 217.00 sfr (CH)
Studentenabonnement:
58,80 € (D), 65,10 € (A), 92.40 sfr (CH)
mit DVD:
81,20 € (D), 94,50 € (A), 138,60 sfr (CH)
Preise für weitere Länder auf Anfrage erhältlich

USA: GEO*EPOCHE* is published by Gruner + Jahr Deutschland GmbH K.O.P.: German Language Pub., 153 S Dean St, Englewood NJ 07631. Periodicals Postage is paid at Paramus NJ 07652.
Postmaster: Send address changes to GEO*EPOCHE*, GLP, PO Box 9868, Englewood NJ 07631
KANADA: Sunrise News, 47 Silver Shadow Path, Toronto, ON, M9C 4Y2, Tel.: +1 647-219-5205,
E-Mail: sunriseorders@post.com

> Alle Fakten und Daten in dieser Ausgabe sind vom Verifikations- und Rechercheteam im Quality Board auf ihre Richtigkeit überprüft worden.

FOTOVERMERK NACH SEITEN

Anordnung im Layout: l.= links, r.= rechts, o.= oben, m.= Mitte, u.= unten

Titelbild: Relief einer jungen Königin aus ptolemäischer Zeit, die mitunter als Kleopatra VII. gedeutet wird; gefunden in Edfu
Rückseite: Porträtbüste aus Marmor von etwa 40 v. Chr., die als Darstellung der Pharaonin gilt

TITEL: Hervé Lewandowski/RMN/bpk-images
EDITORIAL: British Museum, London: 3 m.
INHALT: A. Dagli Orti/DeAgostini/bpk-images: 4 l. o.; Memento/mauritius images: 4 l. u.; Hervé Lewandowski/RMN/bpk-images: 4 r. o.; siehe Aufmacher 84/85: 4 r. m.; Heritage Images/imago images: 4 r. u.; Assassin's Creed Origins/ubisoft: 5 o.; Timo Zett für GEO*EPOCHE*: 5 m.; Bridgeman Images: 5 u.
DIE MÄCHTIGSTE FRAU DER ANTIKE: A. Dagli Orti/DeAgostini/bpk-images: 6; Christie's Images/Artothek: 8/9 unten; akg-images: 9 oben, 20; Photo Josse/Bridgeman Images: 10 /11; Heritage Images/imago images: 12/13; Vidimages/Alamy/mauritius images: 14 /15; Ian Dagnall Computing/Alamy/mauritius images: 16/17; Hugo Maertens/Lukas – Art in Flanders VZW/Bridgeman Images:18/19; Bridgeman Images: 21
PHARAONEN AUS DER FREMDE: Bible Land Pictures/akg-images: 22; imageBROKER/picture alliance: 22/23; Guido Vermeulen-Perdaen/Alamy/mauritius images: 24/25; The Metropolitan Museum of Art/bpk-images: 25; Bildarchiv Steffens/akg-images: 26; Reinhard Saczewski/Münzkabinett, SMB/bpk-images: 27 r. o.; Liszt Collection/picture alliance: 27 l. u.; madonnewzealand.com: 27 r. u.; Westend61/mauritius images: 28/29; Nationalmuseum Kabul: 30; Reinhard Dirscherl/Alamy/mauritius images: 30; The Metropolitan Museum of Art, New York: 31 o.; American Numismatic Society: 31 u.; Art Directors & Trip/Alamy/mauritius images: 32/33; British Museum/bpk-images: 33; Olaf Tausch/Creative Commons: 34; Münzkabinett der Staatlichen Museen, Altes Museum, Berlin: 35
LEHRJAHRE EINER KÖNIGIN: Hervé Lewandowski/RMN/bpk-images: 36/37; Richard Maschmeyer/robertharding/laif: 39; Scala Archives: 40; Paul Williams/Alamy: 41; Kokhanchikov/stock.adobe.com: 43; Goran Tomasevic/Reuters: 44; Album/akg-images: 46
EIN DYNAMISCHES DUO: Memento/mauritius images: 48/49; Art Villone/Alamy: 51; Artokoloro/imago images: 52; Heritage Images/imago images: 55; Look and Learn/Illustrated Papers Collection/Bridgeman Images: 56; Album/akg-images: 59; Bridgeman Images: 60; Liszt Collection/akg-images: 63; ÖNB-Bildarchiv/picturedesk/picture alliance: 64; Gemini Collection/imago images: 66
DIE ÄRA DER PHARAONIN: United Archives International/imago images: 71; United Archives International/Alamy/mauritius images: 72; Ralf Bitter für GEO*EPOCHE*: 75; Dargaud Films: 76; Vincent Pontet/Opera National de Paris: 79; Capitol/Universal Music: 80; Nextflix: 82 l. o.; Lego.com: 82 r. u.
LESEZEICHEN: Olaf Tausch/Creative Commons: 83
EIN MORD UND SEINE FOLGEN: Bettmann/Getty Images: 84; Artokoloro/imago images: 84/85; Gemini Collection/imago images: 85; Scala Archives: 86; Granger Historical Picture Archive/imago images: 87, 88 r.; United Archives International/imago images: 88 l.; Marie-Lan Nguyen/Creative Commons: 88 m.; Piemags/imago images: 89, 92; Christoph Gerigk/bpk-images: 90; Interfoto/akg-images: 91, 94; Azoor Photo/Alamy/mauritius images 93 l.; Staatliche Antikensammlungen und Glyptothek, München: 93 m.; Shakko/Creative Commons: 93 r.
DIE GÖTTLICHE UND DER FELDHERR: Piemags/imago images: 96 l., 98/99, 102; Heritage Images/imago images: 96/97, 101; Artokoloro/imago images: 100; Album/imago images: 104/105; Heritage Auctions, Dallas: 107; Coll. King Baudouin Foundation, Raphael and Françoise Haeven Fund, entrusted to the Art & History Museum, Brüssel: 108/109
STADT DES LICHTS: Assassin's Creed Origins/ubisoft: 114/115, 122/123; Starboi/Assassin's Creed Origins/ubisoft: 117, 125, 128; Martin Deschambault/Concept Art Assassin's Creed Origins/ubisoft: 118/119; Klaus Kühner für GEO *EPOCHE*: 121 o.; Concept Art/Assassin's Creed Origins/Ubisoft: 120/121 u.; Jean-François Duval/Concept Art Assassin's Creed Origins/ubisoft: 126/127
ENTSCHEIDUNG BEI ACTIUM: Timo Zett für GEO*EPOCHE*: 132/133, 134/135, 138/139, 143; Ralf Bitter für GEO*EPOCHE*: 137
DIE VERGESSENE TOCHTER: Bridgeman Images: 146; British Museum, London: 147 (2); Maielnashar/Dreamstime/imago images: 149; Creative Commons: 150/151; De Agostini/Scala Archives: 152, 157; Eric Vandeville/akg-images: 153; Cultural Archive/Alamy/mauritius images: 155; De Agostini/Getty Images: 156; Ted Pink/Alamy/mauritius images: 158
WERKSTATT: Privat (3)
VORSCHAU: Klaus Göken/Nationalgalerie, SMB/bpk-images/VG Bildkunst, 2024 Bonn: 162; akg-images: 163 l. o., 163 l. m., 163 r. u.; Volker-H. Schneider/Gemäldegalerie, SMB/bpk-images: 163 l. u.; Herzog Anton Ulrich-Museum/bpk-images: 163 r. o., 163 m.
RÜCKSEITE: Christoph Gerigk/bpk-images

Zeittafel
Daten und Fakten

MEHR ALS 100 MAL wurde Kleopatras Leben bereits verfilmt. In der bis heute berühmtesten Fassung spielt Elizabeth Taylor die Pharaonin 1963 als starke, intelligente Frau, die Reichtum und Sinnlichkeit nutzt, um politische Ziele zu erreichen. In vielen Punkten um historische Genauigkeit bemüht, gilt die Produktion sogar als differenzierter als manche effektheischende Dokumentation

DIE ÄRA
DER PHARAONIN

Kleopatras Leben währt nur knapp 40 Jahre. Doch es ist derart ereignisreich und dramatisch, derart eng verknüpft mit großen historischen Umwälzungen, derart früh Gegenstand von Mystifizierung, dass seine Strahlkraft die Jahrtausende überdauert – und Kunstschaffende zu immer neuen Darstellungen der ägyptischen Königin inspiriert

TEXT: *Jens-Rainer Berg, Andreas Sedlmair, Stefan Sedlmair*

UM DEN FILM »CLEOPATRA« von 1917 zu bewerben, wird der Hauptdarstellerin Theda Bara eigens eine neue, aufsehenerregende Biografie angedichtet. So heißt es, sie sei einst von Beduinen entführt und mit Schlangenblut genährt worden. Der äußerst erfolgreiche Streifen festigt Baras Status als Star der Stummfilm-Ära – und als eines der ersten Sexsymbole in der Geschichte des Kinos

332 v. Chr.

Alexander III. von Makedonien (später als „der Große" bekannt) nimmt Ägypten in Besitz. Der König, dessen Heimat im heutigen Nordgriechenland liegt, hat im Vorjahr einen groß angelegten Eroberungszug gegen das Reich der persischen Achaimeniden gestartet, die auch das Land am Nil besetzt halten. In Ägypten, wo er als Befreier von persischer Fremdherrschaft auftritt, kann er nun weitgehend kampflos einziehen. Während seines mehrmonatigen Aufenthalts wird der Makedone auf traditionelle Weise zum Pharao erhoben. Am westlichen Rand des Nildeltas veranlasst er im Frühjahr 331 v. Chr. die Gründung einer Stadt an der Mittelmeerküste, die seinen Namen tragen soll: Alexandria.

323 v. Chr.

Alexander stirbt in Babylon, ohne je nach Ägypten zurückgekehrt zu sein. Bald nach dem Tod des Königs vereinbaren seine wichtigsten Heerführer und Vertrauten eine Nachfolgeregelung für das riesige, im Osten bis zum Indus reichende Herrschaftsgebiet, das der Verstorbene erobert hatte: Als nominelle Erben sollen Alexanders Halbbruder und sein (da noch ungeborener) Sohn gelten, seine Gefährten verteilen unter sich die Statthalterschaft über die diversen Provinzen des Reichs, in denen sie de facto die Herrschaft übernehmen. Ägypten fällt an den zuvor eher unbedeutenden makedonischen Offizier Ptolemaios. Schon nach kurzer Zeit beginnen die Kämpfe zwischen den von neuzeitlichen Historikern Diadochen („Nachfolger") genannten Machthabern. Über Jahrzehnte werden diese und später ihre Erben in wechselnden Allianzen immer neue Kriege gegeneinander führen, um ihr jeweiliges Stück des Alexanderreiches zu vergrößern.

um 304 v. Chr.

Ptolemaios erklärt sich zum *basileus* (griech. „König"). Bis etwa 310 v. Chr. waren die beiden offiziellen Erben Alexanders des Großen gewaltsam ums Leben gekommen; in der Folge hatten mehrere Diadochen den makedonischen Herrschertitel für sich reklamiert, nun zieht auch der Provinzgouverneur von Ägypten nach. Zudem lässt sich Ptolemaios aber auch gemäß ägyptischer Tradition zum Pharao krönen. Trotz mancher Bedrohungen und Rückschläge kann er sein Kernreich am Nil in den Diadochenkriegen bewahren und festigen. Viele Griechen kommen etwa als Soldaten oder Kaufleute nach Ägypten, ziehen vor allem in die schnell wachsende Metropole Alexandria, die neue Hauptstadt des Reiches. Zwar bleiben einheimische und griechischsprachige Bewohner rechtlich und sozial weitgehend getrennt, gleichwohl kommt es aber zu Annäherungen zwischen den Kulturen, etwa durch den von Ptolemaios initiierten Kult des Gottes Serapis, der ägyptische und griechische Aspekte verbindet. Bewusst nutzen die Ptolemäer, wie die Dynastie nach ihrem Gründer genannt wird, auch in der Folge Elemente aus beiden Welten, um ihre Herrschaft am Nil zu legitimieren.

um 283 v. Chr.

Ptolemaios I. stirbt. Sein Sohn und Nachfolger Ptolemaios II. führt den vom Vater eingeschlagenen Weg erfolgreich weiter. Gestützt auf die reichhaltigen Einnahmen vor allem aus der prosperierenden Landwirtschaft Ägyptens, startet er zahlreiche Bauprojekte, siedelt systematisch griechische Zuwanderer an und forciert insbesondere die Entwicklung von Alexandria. Die dort von Ptolemaios I. gegründete Bibliothek, die über die Jahre zu einer Sammlung von Hunderttausenden Schriftrollen anwächst, wird einer *Museion* genannten Einrichtung angegliedert; diese entwickelt sich schnell zur bedeutendsten Forschungsstätte der antiken Welt. Fertiggestellt wird unter Ptolemaios II. auch ein gewaltiges, mehr als 100 Meter hohes Bauwerk bei der Alexandria vorgelagerten Insel Pharos: der erste Leuchtturm der Geschichte. Die ptolemäische Kapitale steigt zur bedeutendsten Hafenstadt am Mittelmeer auf. Über den Nil ist sie mit dem ägyptischen Hinterland verbunden, zudem durch Kanäle auch mit dem Roten Meer, über das Handelsbeziehungen bis nach Indien und China bestehen.

um 275 v. Chr.

Ptolemaios II. heiratet seine Schwester Arsinoe. Für die Geschwisterehe gibt es in Ägypten Vorbilder bei früheren Pharaonen und in der Götterwelt, für die griechischstämmigen Bewohner ist sie hingegen eher verstörend. Gleichwohl werden ptolemäische Herrscher und Herrscherinnen folgender Generationen regelmäßig Geschwister ehelichen, wohl um die Dynastie zu stärken und die Zahl potenzieller Konkurrenten um den Thron gering zu halten.

Nachdem zuvor bereits Alexander der Große und Ptolemaios I. zu Göttern erklärt worden waren, erhebt Ptolemaios II. bald nach der Hochzeit auch sich und seine Schwestergattin zu Gottheiten – eine in diesem Ausmaß in Ägypten zuvor ungekannte Selbstverherrlichung zu Lebzeiten, die bei einheimischen wie griechischen Untertanen aber offenbar Akzeptanz findet und von folgenden Ptolemäern übernommen wird.

246 v. Chr.

Ptolemaios III. folgt seinem Vater als Pharao. Wohl zeitgleich heiratet er. Seine Gattin Berenike II. ist (soweit bekannt) die erste ptolemäische Königin, die zu Lebzeiten mit der ägyptischen Pharaonentitulatur bezeichnet wird. Ptolemaios III. unternimmt Kriegszüge in Syrien, Mesopotamien, Kleinasien und auf dem Balkan, führt das Ptolemäerreich so zu seiner größten Ausdehnung überhaupt. Zwar gehen etliche Territorien bald wieder verloren, kommt es immer wieder zur Abspaltung von Teilreichen. Neben Ägypten gehören dennoch über längere Phasen auch die Region um die Stadt Kyrene im heutigen Libyen, Gebiete an der Levante und in Kleinasien, die Insel Zypern sowie Stützpunkte in der Ägäis zum Herrschaftsbereich der Ptolemäerkönige.

um 205 v. Chr.

In Oberägypten erheben sich unzufriedene Ägypter, über Jahre führen in der Folge einheimische Könige von Theben aus ein Gegenregime zur Herrschaft von Ptolemaios IV. und Ptolemaios V. Dem gelingt es schließlich 186 v. Chr., den Aufstand niederzuschlagen. Trotz des Reichtums Ägyptens haben die Ptolemäer durch Prunkentfaltung und Kriege die Ressourcen des Landes erschöpft. Nicht nur die einheimische, überwiegend bäuerliche Bevölkerung rebelliert in dieser Zeit, auch die griechischen Einwohner von Alexandria stellen sich immer wieder gegen die Herrscher. Geschwächt wird die Dynastie zudem durch oftmals brutale interne Machtkämpfe. Nicht selten lassen Ptolemäer engste Familienmitglieder, sogar eigene Kinder ermorden oder hinrichten, mehrere Könige und Königinnen finden selbst einen gewaltsamen Tod.

193 v. Chr.

Kleopatra, eine Königstochter aus dem benachbarten und zumeist verfeindeten Seleukidenreich, dessen Herrscherhaus ebenfalls auf die makedonischen Nachfolger Alexanders des Großen zurückgeht, heiratet Ptolemaios V.; moderne Historiker zählen sie als ägyptische Königin Kleopatra I. Ihr Name (griech. etwa „Ehre des Vaters"), den auch schon eine

FÜR DEN MACHTERHALT TÖTEN DIE PTOLEMÄER SOGAR EIGENE KINDER

Schwester Alexanders trug, ist fortan die bevorzugte Benennung für weibliche Angehörige der Ptolemäerdynastie.

168 v. Chr.

Römische Legionen unterwerfen auf der Balkanhalbinsel das Reich der Antigoniden, einer weiteren von einem Diadochen begründeten Dynastie, die zuletzt über das eigentliche Makedonien und andere Gebiete in Griechenland herrschte. Das makedonische Königtum wird ausgelöscht, das Territorium aufgeteilt (und 146 v. Chr. als Provinz dem wachsenden Imperium einverleibt). Rom, bis etwa 200 v. Chr. bereits zur Vormacht im westlichen Mittelmeerraum aufgestiegen, erlangt nun auch die Dominanz am östlichen Mittelmeer. Durch weitere Eroberungen und Bündnisse dehnt es seinen Einfluss auf das übrige Griechenland und Teile Kleinasiens aus, tritt zudem bereits im gleichen Jahr 168 v. Chr. als Hegemon gegenüber den Ptolemäern und den erneut mit diesen verfeindeten Seleukiden auf: Nachdem Truppen des Seleukidenherrschers in Ägypten eingefallen sind und bereits nahe vor der Einnahme des Pharaonenlandes stehen, greifen die Römer ein und gebieten den Invasoren, aus dem Ptolemäerreich abzuziehen. Ägypten, obgleich wohlhabender und in vielem weiter entwickelt als Rom, steht fortan unter zunehmender Abhängigkeit vom militärisch deutlich überlegenen Imperium, für das wiederum das Land am Nil als Getreidelieferant von höchstem Interesse ist.

96 v. Chr.

Ein Sohn von Pharao Ptolemaios VIII., der einige Jahre zuvor als Herrscher über die dazu vom Hauptreich abgetrennte Region von Kyrene eingesetzt worden war, stirbt ohne Erben. Per Testament hat er das Territorium für diesen Fall der Römischen Republik vermacht (die allerdings erst 74 v. Chr. die direkte Kontrolle übernimmt und dort die Provinz Cyrenae einrichtet). Möglicherweise sollte diese Erbschaftsregelung Rivalen innerhalb der Dynastie unter Druck setzen. Denn die ägyptischen Machthaber müssen nicht nur viele ihrer politischen Entscheidungen auf die Wünsche der Großmacht Rom abstimmen – sie rufen sie mitunter auch aktiv an, um sich in Streitigkeiten am eigenen Hof Unterstützung zu sichern.

80 v. Chr.

Eine aufgebrachte Volksmenge in Alexandria ermordet den nur wenige Wochen zuvor von Rom installierten Herrscher Ptolemaios XI. Um der erneuten Einsetzung eines Königs durch die Römer zuvorzukommen, rufen die Alexandriner den vermutlich außerehelichen Sohn des früheren Pharao Ptolemaios IX. aus dem Ausland zur Amtsübernahme herbei. Als neuer Herrscher am Nil muss sich Ptolemaios XII., der wegen seiner Neigung zum Spiel eines Blasinstruments den Spottnamen Auletes („Pfeifer") erhält, gegenüber den Römern nun besonders um Anerkennung bemühen.

70/69 v. Chr.

Als zweites Kind von Ptolemaios XII. kommt um die Jahreswende die Tochter Kleopatra zur Welt. Unklar ist aufgrund der Quellenlage, ob sie dieselbe, ptolemäische Mutter wie ihre ältere Schwester Berenike hat – oder ob das Kind einer zweiten Königsgattin, möglicherweise einer Ägypterin aus den Priesterkreisen des Nilreiches, ist. Von Beginn an erhält Kleopatra eine ausgezeichnete Bildung, die sie auch darauf vorbereitet, die Staatsgeschäfte übernehmen zu können.

59 v. Chr.

Ptolemaios XII. wird vom römischen Senat offiziell zum „Freund und Bundesgenossen" ernannt, ein Status, mit dem er sich nun in seinem Amt abgesichert wähnt.

WENIG GESCHIEHT BALD OHNE DIE ZUSTIMMUNG DES IMPERIUMS

Auch zwischenzeitlich am Tiber erwogene Pläne, Ägypten zu einer Provinz des Imperiums zu machen, sind damit fürs Erste kein Thema mehr. Um das zu erreichen, hat Kleopatras Vater allerdings in den Jahren zuvor Unsummen an Zuwendungen und Bestechungsgeldern Richtung Rom geschafft und dabei sein eigenes Land finanziell zunehmend ausgelaugt.

58 v. Chr.

Oppositionelle vertreiben Ptolemaios XII. aus Alexandria. Neben der finanziellen Not im Land werfen ihm seine Gegner vor, er habe nichts unternommen, als die Römer kürzlich das ptolemäische Zypern erobert und den dort als König herrschenden Bruder des Pharao in den Tod getrieben haben. Ptolemaios flieht nach Rom – und nimmt möglicherweise auch seine mittlerweile elfjährige Tochter Kleopatra dorthin mit.

55 v. Chr.

Mit militärischer Unterstützung Roms nach Ägypten zurückgekehrt, besteigt Ptolemaios XII. in Alexandria erneut den Thron – von dem er Kleopatras ältere Schwester Berenike verdrängt, die als eine Art Galionsfigur der Aufständischen die Herrschaft übernommen hatte.

KLEOPATRAS WELT UM 34 V. CHR.

SCHWERGEWICHT AM MITTELMEER
Geografisch ist das Ptolemäerreich, über das Kleopatra gebietet, weit gespannt. Nach den Schenkungen durch ihren Verbündeten Marcus Antonius erstreckt es sich groß wie selten zuvor, säumt – als eine Art Bindeglied zwischen mediterranem Raum, Asien und Afrika – nahezu den gesamten Osten des Mittelmeers. Politisch hingegen bleibt es abhängig vom Römischen Reich, der in zwei Einflusssphären geteilten Großmacht

Ptolemaios übt massive Vergeltung und lässt neben etlichen hochgestellten Untertanen aus der Opposition auch Berenike, seine eigene Tochter, hinrichten.

52 v. Chr.

Der alternde Ptolemaios XII. erhebt die nun 17-jährige Kleopatra zur Mitregentin. Gemäß den von neuzeitlichen Historikern eingeführten Zählungen ptolemäischer Herrscher und Herrscherinnen – die gerade bei den Königinnen nicht selten auf früheren Fehlannahmen und Spekulationen basieren – wird sie heutzutage zumeist als Kleopatra VII. geführt.

51 v. Chr.

Nachdem Ptolemaios XII. gestorben ist, übernimmt Kleopatra die Macht in Ägypten. Allerdings sieht das (auch in Rom hinterlegte) Testament ihres Vaters vor, dass sie gemeinsam mit ihrem minderjährigen Bruder, den sie auch ehelichen soll, die Herrschaft ausübt. Faktisch jedoch agiert Kleopatra als alleinige Königin. Offenbar hat sie genug Erfahrung am Hof und in der Staatsspitze gesammelt, verfügt über Talent und Wissen, um sich in Machtpolitik, Diplomatie und den wichtigen religiösen Ritualen zu bewähren. Wie viele ihrer Vorgänger ist die Ptolemäerin um ein gutes Verhältnis zu den einheimischen Priesterschaften bemüht. Sie lässt zahlreiche Tempelbauten verschönern, führt unter anderem den aufwendigen Ausbau des Hathor-Heiligtums von Tentyris (heute Dendera) in Oberägypten weiter, den sie noch gemeinsam mit ihrem Vater begonnen hatte. Auch integriert sie bewusst die traditionelle ägyptische Glaubenswelt in ihren Herrschaftsstil und die Inszenierung ihrer Macht, etwa indem sie sich als Verkörperung der bedeutenden Muttergöttin Isis darstellen lässt. Vermutlich kann Kleopatra – deren eigene Mutter ja möglicherweise einer Priesterfamilie entstammte und die wohl als erstes regierendes Mitglied der Ptolemäerdynastie die ägyptische Volkssprache beherrscht – auch im traditionell geprägten Oberägypten, fern des griechisch dominierten Alexandria, eine Machtbasis aufbauen, aus der sie in Krisenzeiten Rückhalt bekommen wird.

1965 ERSCHEINT der französische Comic-Band »Astérix et Cléopâtre« (»Asterix und Kleopatra«), drei Jahre später der gleichnamige Zeichentrickfilm (oben). Spitz und markant ist darin ein Körperteil der Königin, das – vermutlich zurückgehend auf eine antike Münzdarstellung – über die Jahrhunderte häufig als auffällig thematisiert wird. »Sie hat wohl einen schwierigen Charakter ... aber eine hübsche Nase«, befinden denn auch die gezeichneten Gallier über die Pharaonin

50 v. Chr.

Gegen Ende des Jahres gelingt es einer Kamarilla um Kleopatras elfjährigen Bruder Ptolemaios XIII., diesen an die Macht zu bringen, zunächst zusammen mit Kleopatra. Zu den mächtigsten Unterstützern und Beratern des jungen Mitregenten zählt der Eunuch Potheinos.

49 v. Chr.

Januar. Von der Provinz Gallia Cisalpina im heutigen Norditalien aus überschreitet der römische Politiker und Feldherr Gaius Iulius Caesar mit seinen Legionen gesetzeswidrig den Grenzfluss Rubikon und löst damit einen innerrömischen Bürgerkrieg aus. Militärischer Führer der Gegner Caesars ist nun dessen einstiger Verbündeter Gnaeus Pompeius. Gemeinsam hatten beide einige Jahre zuvor die Rückkehr von Kleopatras Vater auf den Thron ermöglicht, wofür dieser ihnen die Zahlung riesiger Geldsummen zusagen musste.

Sommer. Noch im Namen beider Regenten, Ptolemaios XIII. und Kleopatras, entsendet das Pharaonenreich Truppen und Schiffe, um Pompeius zu unterstützen, der mit einem Teil des römischen Senats vor Caesars Vorstoß nach Makedonien geflohen ist. Doch nur kurze Zeit später können die Berater von Ptolemaios die ganze Macht an sich reißen und die Königin von der Herrschaft ausschließen. Kleopatra muss nun um ihr Leben fürchten und flüchtet aus Alexandria. Sie begibt sich möglicherweise zunächst nach Oberägypten, um Unterstützung zu sammeln, und gelangt von dort nach Palästina. Hier beginnt sie, Truppen aufzustellen, mit deren Hilfe sie in Ägypten ihren Thron zurückerobern will. Unterdessen hat Pompeius erwirkt, dass der von ihm kontrollierte Rumpfsenat in Makedonien Ptolemaios als alleinigen König am Nil anerkennt.

48 v. Chr.

Ende September. Nach einer verheerenden Niederlage gegen Caesar bei Pharsalos in Griechenland sucht Pompeius Zuflucht bei seinen Verbündeten in Ägypten. Wohl weil Potheinos, der führende Berater von Ptolemaios XIII., sich Caesar, dessen Sieg im römischen Bürgerkrieg nun sicher scheint, andienen will, lässt er Pompeius jedoch gleich nach dessen Ankunft ermorden.

Oktober. Wenige Tage später trifft Caesar selbst in Ägypten ein und bezieht einen Teil des Palastbezirks von Alexandria.

Kleopatra gelingt es, zu dem Römer zu gelangen (einigen Quellen zufolge, indem sie sich in den Palast schmuggeln lässt) und dessen Unterstützung im Kampf um die Macht in Ägypten zu erhalten. Zudem beginnen die beiden in dieser Zeit ein intimes Verhältnis. Caesar, aktuell Konsul der Römischen Republik und damit ranghöchster Vertreter der Hegemonialmacht, setzt durch, dass abermals beide Geschwister als Co-Regenten eingesetzt werden, gemäß dem Testament ihres Vaters. Zudem stellt er die zehn Jahre zuvor von Rom vereinnahmte Insel Zypern wieder unter ptolemäische Herrschaft. Auch danach bleibt Caesar in Alexandria, nicht zuletzt wohl, um die einst von Ptolemaios XII. versprochenen Geldsummen einzutreiben.

Spätherbst. Der militärische Führer im Lager von Ptolemaios XIII. zieht mit einer Armee nach Alexandria und belagert Caesar, der sich mit den wenigen Truppen, die ihn dorthin begleitet hatten, im Palastbezirk der Kapitale verschanzt. Die als „Alexandrinischer Krieg" bekannte Auseinandersetzung bringt Caesar sowie Kleopatra, die bei ihm im Palast ausharrt, an den Rand des Untergangs. Nach wechselhaftem Verlauf, im Zuge dessen sich zeitweise auch Arsinoe, Kleopatras jüngere Schwester, zur Gegenkönigin aufschwingt, wendet sich die Situation zugunsten Caesars, als im März 47 v. Chr. von seinen Verbündeten entsandte Truppen eintreffen. Bei den folgenden Kämpfen trägt Caesar den Sieg davon, Ptolemaios XIII. verliert vermutlich auf der Flucht sein Leben.

47 v. Chr.

Wohl im Juni verlässt Caesar Ägypten. Zuvor hat er Kleopatra abermals als Königin eingesetzt, nomineller Mitregent wird ihr jüngerer, elf- oder zwölfjähriger Bruder Ptolemaios XIV., der de facto aber bedeutungslos bleibt. Zur Sicherung der römischen Oberherrschaft stationiert Caesar dauerhaft drei Legionen am Nil. Vermutlich ebenfalls im Juni bringt Kleopatra einen Sohn zur Welt, der nach seinem Vater den Namen Kaisar (die griechische Entsprechung zu Caesar) erhält – von den Alexandrinern bald spöttisch zu Kaisarion (lateinisch Caesarion, „Caesarlein") abgewandelt.

46 v. Chr.

Kleopatra reist mit Caesarion und Ptolemaios XIV. nach Rom und trifft dort erneut auf

KLEOPATRA REIST AN DEN TIBER – UND ERHITZT DIE GEMÜTER

Caesar, dessen Anwesen im Stadtteil jenseits des Tibers sie samt großem Gefolge bezieht. Der mehrmonatige Aufenthalt, der Kleopatra vor allem zu Verhandlungen über den Status ihres Reiches dient und ihr (wie einst schon ihrem Vater) die gewünschte Anerkennung als „Freund und Bundesgenosse des römischen Volkes" einbringt, erregt in Rom großes Aufsehen – und gilt vielen als Affront gegenüber Caesars römischer Ehefrau. Als dieser im November zu einem Kriegszug aufbricht, begibt sich vermutlich auch Kleopatra zurück nach Ägypten.

45 v. Chr.

Caesar besiegt in Hispanien die letzten verbliebenen militärischen Widersacher. Zurück in Rom, will er – nun als unbestrittener Alleinherrscher – eine weitreichende Neuordnung des Imperiums angehen. Um daran teilzuhaben, bricht Kleopatra vermutlich um den Jahreswechsel abermals nach Rom auf.

44 v. Chr.

Eine Gruppe von etwa 60 Senatoren verschwört sich unter der Führung von Marcus Iunius Brutus und Gaius Cassius Longinus gegen Caesar, der sich im Februar zum Diktator auf Lebenszeit hat ernennen lassen. Rund zwei Dutzend von ihnen ermorden Caesar bei einer Senatssitzung am 15. März. Doch anders als von den Attentätern erwartet, wird die Bluttat weder im Senat noch vom Volk mit Jubel aufgenommen. So stimmen die ratlosen Verschwörer einem Abkommen mit den von Caesars Vertrautem Marcus Antonius angeführten Anhängern des Ermordeten zu, das sie zwar für ihre Tat amnestiert, aber zugleich sämtliche Maßnahmen des Diktators in Kraft lässt. Kleopatra weilt zu dieser Zeit noch in Rom, reist jedoch angesichts der unklaren, für sie bedrohlichen Situation nach dem Tod ihres Patrons schnell zurück nach Ägypten. Dort angekommen, setzt sie bald den dreijährigen Caesarion – unter dem Namen Ptolemaios (XV.) Kaisar – als Mitregenten ein; ihren Bruder Ptolemaios XIV. hat sie zuvor ermorden lassen.

43 v. Chr.

Octavian (eigentlich Gaius Octavius), der testamentarisch eingesetzte Erbe und Adoptivsohn Caesars, schließt sich im Kampf um die Nachfolge des Diktators mit Marcus Antonius sowie dem General Marcus Aemilius Lepidus zusammen. Anders als ein rein informelles Dreierbündnis, das Caesar, Pompeius und Marcus Licinius Crassus im Jahr 60 v. Chr. vereinbart hatten, erhält dieses zweite Triumvirat umfassende Sondervollmachten und einen offiziellen Auftrag: die „Wiederaufrichtung des Staates". Tatsächlich jedoch geht es den Triumvirn darum, ihre persönliche Macht auszubauen. Einer brutalen Säuberungswelle fallen 2300 Senatoren und andere hochgestellte Personen zum Opfer und damit ein Großteil der politischen Elite Roms. Noch während in Italien das Morden andauert, wenden sich die Triumvirn mit ihrem Heer gegen die Caesar-Attentäter, die sich mit zahlreichen Legionen im Osten des Reiches festgesetzt haben.

42 v. Chr.

Bei der Stadt Philippoi (lateinisch Philippi) in Ostmakedonien besiegen die Truppen der Triumvirn in einer der größten Schlachten der Antike das Heer der Caesar-Mörder Brutus und Cassius, die daraufhin beide Suizid begehen. Kleopatra, die sich, anfänglich wohl lavierend, noch rechtzeitig auf die Seite der Sieger gestellt hat, muss sich nun mit Marcus Antonius auseinandersetzen, dem innerhalb des Triumvirats die Verantwortung für die östliche Reichshälfte und damit auch für das als Klientelkönigreich (also als formal souveräner Staat unter römischer Oberhoheit) angesehene Ägypten obliegt.

41 v. Chr.

Mit großem Pomp sucht Kleopatra Marcus Antonius in Tarsos im Südosten Kleinasiens auf, wo dieser mit der Neuordnung der Verhältnisse im Osten beschäftigt ist. Die beiden beginnen ein Liebesverhältnis und beschließen, ihre Interessen fortan gemeinsam zu verfolgen. So lässt Marcus Antonius auf Kleopatras Wunsch hin deren Schwester Arsinoe und andere Widersacher ermorden.

40 v. Chr.

Frühjahr. Nach einem gemeinsam mit Kleopatra in Alexandria verbrachten Winter verlässt Marcus Antonius Ägypten und reist zunächst nach Syrien und Kleinasien. Dann erhält er beunruhigende Nachrichten von seiner Ehefrau Fulvia, die trotz seiner Beziehung zur ägyptischen Königin und anderer Liebschaften weiter in Rom für seine Interessen eingetreten war, und trifft sie in Athen. Im Vorjahr hatten Fulvia und der Bruder ihres Gatten, Lucius Antonius, einen politischen Konflikt mit Octavian heraufbeschworen, der schließlich im „Perusinischen Krieg" eskalierte. Nach monatelanger Belagerung durch Octavians Truppen in der Stadt Perusia (heute Perugia) musste Lucius Antonius schließlich im Februar 40 v. Chr. kapitulieren. Der siegreiche Octavian übte brutale Rache an vielen Beteiligten des Krieges, hatte jedoch noch kein Interesse an einer offenen Konfrontation mit Marcus Antonius und verschonte das Leben von dessen Bruder und Frau. Gegen Ende des Sommers bricht Marcus Antonius nach Italien auf. Fulvia lässt er in Griechenland zurück, wo sie wenig später an einer Krankheit verstirbt.

Herbst. Kleopatra bringt Zwillinge zur Welt. Deren Vater Marcus Antonius ist zu diesem Zeitpunkt bereits in Rom angekommen – und heiratet bald

MARCUS ANTONIUS GIBT IHR KOSTBARKEITEN: LAND UND EINFLUSS

darauf Octavians Schwester Octavia. Trotz der zunehmenden Rivalität zwischen ihnen kommen Marcus Antonius und der Caesar-Erbe überein, ihr Bündnis zu erneuern. Im „Vertrag von Brundisium"

IMMER WIEDER WIRD KLEOPATRAS LEBEN, das besonders viele Elemente birgt, die sich zur Überhöhung eignen, zum Bühnenstoff, sei es für Theaterstücke, Musicals, Ballette oder Opern. Das wahrscheinlich bekannteste musikalische Werk zum Thema komponiert 1723 Georg Friedrich Händel: In seiner Oper »Giulio Cesare in Egitto« (Iulius Caesar in Ägypten) wird die Liebe zwischen dem Römer und der Ptolemäerin als barocke Heldengeschichte erzählt, die mit Kleopatras Aufstieg zur Königin endet (Aufführung in Paris, 2024)

teilen die Triumvirn abermals das Imperium untereinander auf. Marcus Antonius ist nun offizieller Herrscher über dessen Osten.

37 v. Chr.

Marcus Antonius begibt sich nach Syrien, um einen lange geplanten Krieg gegen das Partherreich, Roms größten Gegner im Osten, vorzubereiten. Nach einem Treffen mit Kleopatra im syrischen Antiochia nehmen die beiden erneut ihre politische Partnerschaft wie auch ihre persönliche Beziehung auf. Im Zuge einer umfassenden Umverteilung von römisch kontrollierten oder durch Klientelfürsten regierten Territorien tritt Marcus Antonius unter anderem Teile Kleinasiens sowie Gebiete im Bereich der Levante an Kleopatra ab, wohl um diese in die Lage zu versetzen, den Partherfeldzug effektiv zu unterstützen. Auch die Gegend von Kyrene, früher jahrhundertelang fester Bestandteil des Ptolemäerreichs, fällt an die Pharaonin. Zudem erkennt er die gemeinsamen Kinder, die Zwillinge Kleopatra und Alexander, offiziell an, wobei diese die Beinamen Selene („Mond") und Helios („Sonne") erhalten. Bei öffentlichen Auftritten lässt Marcus Antonius sich selbst nun immer häufiger als „Neuer Dionysos" feiern, während seine Geliebte sich als die ägyptische Göttin Isis stilisiert. Im Jahr darauf gebiert Kleopatra einen weiteren Sohn von Marcus Antonius, dem sie unter Bezug auf einen ihrer mächtigsten Vorfahren den programmatischen Namen Ptolemaios Philadelphos verleiht: Ptolemaios II. hatte einst den gleichen Beinamen getragen.

36 v. Chr.

Im Sommer beginnt der Feldzug gegen die Parther. Doch das gewaltige römische Heer scheitert daran, eine strategisch wichtige Stadt einzunehmen. Marcus Antonius muss sich angesichts des nahenden Winters zurückziehen und erleidet dabei starke Verluste. Etwa gleichzeitig kann Octavian den größten Widersacher in seinem Einflussbereich, Sextus Pompeius, besiegen und den dritten Triumvirn Lepidus entmachten. Der Caesar-Erbe ist damit im Westen uneingeschränkter Herrscher.

AUCH IN DER MODERNEN POPKULTUR bleibt Kleopatra eine beliebte und oft zitierte Figur. So tritt etwa die Sängerin Katy Perry 2014 im Musikvideo zu ihrem Song »Dark Horse« als an die Pharaonin angelehnter Charakter »Katy Pätra« auf. In dem milliardenfach angesehenen Clip empfängt sie verschiedene Verehrer. Und rät ihnen: »Mach mich zu deiner Aphrodite / Mach mich zu deinem Ein und Alles / Aber mach mich nicht zu deiner Feindin«

um 35 v. Chr.

Weil Kleopatra Gebiete von Herodes, dem aus der Bibel bekannten König von Judäa, ihrem eigenen wachsenden Machtbereich in der Levante einverleiben möchte, so berichtet es der antike Geschichtsschreiber Flavius Josephus, versucht sie Marcus Antonius dazu zu bringen, dessen Klientelkönig für einen angeblichen Mord zu bestrafen, wahrscheinlich zu töten. Marcus Antonius aber schlägt das Ansinnen seiner Partnerin aus – wichtiger ist ihm die Stabilität in der Region.

34 v. Chr.

Nach einem erfolgreichen Feldzug gegen das mit den Parthern verbündete Königreich Armenien lässt sich Marcus Antonius in Alexandria bei einer bombastischen Siegesparade feiern. Wenige Tage später treten er und Kleopatra im Rahmen einer erneut pompös inszenierten Veranstaltung als ägyptisch-römisches Herrscherpaar auf. Ihren gemeinsamen Kindern verleihen sie Königstitel für verschiedene Gebiete im Osten, etwa für das gerade erst unter römische Kontrolle gebrachte Armenien. Kleopatra, die nun den Herrschertitel „Königin der Könige" für sich in Anspruch nimmt, steht auf dem Höhepunkt ihrer Macht. Die Spektakel von Alexandria tragen zur weiteren Entfremdung zwischen Octavian und Marcus Antonius bei.

33 v. Chr.

Octavian und Marcus Antonius, die mittlerweile jeder für sich die Alleinherrschaft im Reich anstreben, bekämpfen sich in einem aufwendig geführten Propagandakrieg. Beide versuchen dabei, den jeweils anderen vor der römischen Öffentlichkeit zu diskreditieren. Es gelingt Octavian schließlich, zahlreiche Römer gegen Marcus Antonius einzunehmen, indem er ihm sein Liebesverhältnis mit Kleopatra sowie den vermeintlichen Verrat an den Interessen Roms vorwirft.

32 v. Chr.

Nachdem mit Ende des Vorjahres das 37 v. Chr. verlängerte Triumviratsabkommen auch formal ausgelaufen ist, lässt

Octavian die politische Situation in Rom eskalieren, die beiden Konsuln der Republik und Hunderte Senatoren fliehen in den Osten zu Marcus Antonius. Der übermittelt im Sommer Octavia die Scheidung und löst so auch die letzte Verbindung zu deren Bruder Octavian. Beide Seiten bereiten sich da bereits auf eine offene militärische Konfrontation vor. Schließlich erklärt der von Octavian kontrollierte Senat in Rom Kleopatra und damit de facto Marcus Antonius den Krieg. Ob dieser im Laufe des Jahres Kleopatra zur Frau nimmt – nach der Scheidung von Octavia oder womöglich sogar schon vorher, wie es manche antike Quellen behaupten –, ist unklar und wird von modernen Historikern und Historikerinnen kontrovers diskutiert.

31 v. Chr.

2. September. An der Westküste Griechenlands kommt es zum großen militärischen Duell der beiden Lager. Bereits seit dem Herbst des Vorjahres hatten Marcus Antonius und Kleopatra ein großes Truppenlager an der Bucht bei dem Ort Aktion – lateinisch Actium – errichtet und dort ihre Flotten versammelt, womöglich mit dem Ziel einer Invasion in Italien. Doch Octavian gelingt es mit seiner von dem General Marcus Vipsanius Agrippa kommandierten Flotte sowie seinen Landstreitkräften, die Rivalen von nahezu sämtlicher Versorgung abzuriegeln. In einer der größten Seeschlachten, die jemals im Mittelmeer ausgetragen wird, unterliegt die Allianz aus Ptolemäerin und Römer – allerdings ist deren Ziel auch nicht der Sieg, sondern eine geplante Flucht: Mit einem Durchbruchmanöver, das maßgeblich wohl Kleopatra ersonnen hat und in dem sie eine entscheidende Rolle spielt, gelingt es beiden, nach Alexandria zu entkommen, wo sie sich für ein neues Gefecht wappnen wollen. Einen großen Teil ihrer Truppen und Schiffe müssen sie jedoch verloren geben.

Spätherbst. In Alexandria täuscht Kleopatra die Rückkehr von einem großen Triumph vor, um keine Unruhe bei ihren Untertanen aufkommen zu lassen. Zugleich lässt sie Kritiker hinrichten. Auch weil Marcus Antonius in Schwermut verfällt, nimmt die Königin hinter dem Rücken ihres Partners Kontakt zu Octavian auf, um über eine Einigung zu verhandeln, die ihrem Reich zumindest die Unabhängigkeit sichert. Doch Octavian geht nicht darauf ein.

30 v. Chr.

Juli. Octavian rückt mit einer Streitmacht auf Alexandria vor. Marcus Antonius wagt noch den Kampf gegen den klar überlegenen Gegner, muss sich aber bald in die Stadt zurückziehen. Kleopatras Flotte wiederum kapituliert gegenüber Octavians Schiffen – womöglich auf Geheiß der Königin, die angesichts der Aussichtslosigkeit der Situation weiteres Blutvergießen vermeiden will. Daraufhin treibt sie mit einer Falschnachricht über den eigenen Tod Marcus Antonius vermutlich bewusst in den Suizid. Die genauen Umstände seines Todes sind nicht mehr nachvollziehbar, manchen antiken Autoren zufolge stirbt er in Kleopatras Armen.

8. August. Nachdem Octavian die Pharaonin in seine Gewalt gebracht hat, kommt es zur vermutlich ersten und einzigen persönlichen Begegnung der beiden Kontrahenten. Zwei Tage später entdecken römische Soldaten Kleopatra tot in

NACH KLEOPATRAS TOD WIRD IHR ERZFEIND ROMS ERSTER KAISER

ihren Gemächern in Alexandria. Wahrscheinlich mit einem Gifttrunk hat sie sich selbst das Leben genommen, um zu verhindern, dass Octavian sie in Rom als Geschlagene vorführt. Ägyptens schillernde Pharaonin stirbt mit nur 39 Jahren am 10. August 40 v. Chr. Ihren Sohn Caesarion, der nominell Kleopatras Nachfolge als Herrscher Ägyptens antritt, lässt Octavian zwei Wochen nach dem Tod der Mutter umbringen – als leiblicher Sohn Caesars stellt er eine zu große Gefahr für die Machtbestrebungen von dessen Adoptivsohn dar. Damit endet die Ära der ptolemäischen Herrscher am Nil. Kleopatras zu stolzer Größe angewachsener Machtbereich wird zerschlagen, Ägypten, das jahrtausendealte Pharaonenreich, sinkt herab zu einer von einem Gouverneur verwalteten Provinz des Imperium Romanum.

27 v. Chr.

16. Januar. Der römische Senat verleiht Octavian, der seit seinem Sieg über Kleopatra und Marcus Antonius der weitgehend unangefochtene Machthaber im Imperium ist, den Ehrentitel „Augustus" – „der Erhabene". Damit erkennt das Gremium de facto seine Alleinherrschaft an. Der Akt gilt allgemein als Anfang der römischen Kaiserzeit. Das Gedenken an seine früheren Gegner Kleopatra und Marcus Antonius lässt der Herrscher systematisch unterdrücken oder in seinem Sinne steuern: Statuen und Bildnisse werden zerstört; Dichter und Geschichtsschreiber verbreiten propagandistische Versionen der vergangenen Ereignisse, in denen Kleopatra vor allem als übelmeinende, durchtrie-

Daten und Fakten

DIE FRAGE nach Kleopatras Hautfarbe wird in jüngerer Zeit viel diskutiert. Im Jahr 2023 verkörpert Adele James (oben) die Ptolemäerin in einer TV-Serie – wodurch die Debatte um die ethnische Herkunft und die historisch korrekte Darstellung der Herrscherin verstärkt Aufmerksamkeit erhalten hat

bene Verführerin gezeichnet wird. Es ist ein Bild, das auch spätere antike Autoren wie Plutarch, Cassius Dio und Lucanus beeinflusst und bis weit in die Neuzeit die Erinnerung an Kleopatra und die Haltung der Historiker zu ihr prägen wird.

25 v. Chr.

Kleopatra Selene, die Tochter von Kleopatra VII. mit Marcus Antonius, besteigt mit ihrem Ehemann Juba den Königsthron in Mauretanien, einem von Rom abhängigen Reich auf dem Gebiet der heutigen Staaten Algerien und Marokko. Nach dem Tod ihrer Mutter hatte Octavian Kleopatra Selene mit ihrem Zwillingsbruder an den Tiber verschleppt, wo er sie 29 v. Chr. auf einem Triumphzug präsentierte, sie in der Folge jedoch im Haushalt seiner Schwester Octavia, der früheren Ehefrau von Marcus Antonius, aufwachsen und eine gute Bildung genießen lassen. Von Roms Gnaden in Nordafrika als Herrscherin eingesetzt und durchaus loyal zum Imperium, pflegt Kleopatra Selene dennoch auch das griechisch-ägyptische Erbe ihrer Vorfahren. Ihr Sohn, nach alter Familientradition Ptolemaios genannt, wird noch bis 40 n. Chr. in Mauretanien herrschen – als endgültig letzter Nachfahre der Ptolemäerdynastie auf einem Königsthron. ◊

KÖNIGIN als Spielfigur: Längst ist Kleopatra zur Marke geworden, auf die viele Firmen setzen

GEO**EPOCHE** LESEZEICHEN

GEO**EPOCHE** NR. 130 »KLEOPATRA«

GEO**EPOCHE** LESEZEICHEN

»Ihre Schönheit war, so sagt man, für sich genommen nicht vollkommen unvergleichlich und von der Art, dass sie einen beim ersten Anblick überwältigte, aber im Umgang hatte sie einen unwiderstehlichen Reiz, und ihre Gestalt, verbunden mit der Überzeugungskraft ihrer Unterhaltung und der sie in allem umspielenden Anmut, hinterließ einen Stachel.«

Der antike griechische Schriftsteller Plutarch (um 45–120 n. Chr.) über die ptolemäische Herrscherin und Pharaonin Kleopatra VII.

GEO**EPOCHE** NR. 130 »KLEOPATRA«

Lesezeichen zum Herausnehmen

NUR WENIGE Darstellungen Kleopatras aus ihrer Zeit haben überdauert. Dieses Relief an dem in großen Teilen unter ihrer Herrschaft errichteten Hathor-Tempel bei der oberägyptischen Stadt Dendera (im Altertum Tentyris) hat sie selber noch betrachten können – ihre individuellen Züge zeigt es allerdings nicht. Rechts neben Kleopatra steht ihr Sohn Caesarion, der ab 44 v. Chr. ihr Mitregent ist, auch wenn sie faktisch allein herrscht

Fehlt hier das GEO EPOCHE LESEZEICHEN?
Schreiben Sie an: briefe@geo-epoche.de

44 v. Chr.
Attentat auf Caesar

EIN MORD
UND SEINE

Als Verschwörer 44 v. Chr. Gaius Iulius Caesar erdolchen, stürzt Rom in ein beispielloses machtpolitisches Chaos. Gegner und Anhänger des getöteten Diktators ringen um die Vorherrschaft – und in Ägypten schwankt seine einstige Partnerin, mit welcher Seite sie paktieren soll

TEXT: *Reymer Klüver*

MARCUS IUNIUS BRUTUS, Feingeist aus einer römischen Adelsfamilie, gilt als der intellektuelle Kopf der Caesar-Mörder

FOLGEN

AUF DEN Straßen Roms – im Bild das Forum – haben beide Lager Anhänger. Auch wegen der unklaren Kräfteverhältnisse belauern sich die Kontrahenten nach dem Attentat zunächst, ohne dass eine Seite zuschlägt (hier, wie auf den folgenden Seiten, eine Rekonstruktion der Kapitale zur Kaiserzeit aus dem 19. Jahrhundert)

MARCUS ANTONIUS ist nach dem Anschlag als einziger verbliebener Konsul ranghöchster Repräsentant des Staates – und Anführer der Caesarianer

MIT DOLCHEN wie diesem (einem antiken Exemplar aus Pompeji) strecken die Mörder Caesar nieder. Für die Zeit danach aber haben sie keinen genauen Plan

Gibt es eine Tat eindeutiger als diese? Die wütenden Dolchstöße, die tiefen Wunden. Der Körper des Diktators, der auf dem Marmorboden aufschlägt, die purpurfarbene Toga dunkel getränkt von Blut. Gaius Iulius Caesar ist tot. Und doch ist nichts klar, nichts eindeutig. Alles nun ist unsicher, Rom jäh in einen Taumel gerissen. Wohin nur? Es sind die Iden des März, der 15. des ersten Frühlingsmonats im Jahr 44 v. Chr., etwa zwölf Uhr mittags.

Die Unsicherheit beginnt buchstäblich in den Momenten nach dem Mord. Bis dahin hatten die Verschwörer alles genauestens geplant. Die versteckten Dolche unter ihren Togen, den Ort der Bluttat, jenen marmordekorierten Versammlungssaal unweit des Tibers, wohin Caesar den Senat zur Sitzung einberufen hatte. Dort haben sie ihn umringt auf dem Podium, wo der Diktator, verspätet eingetroffen, gerade auf seinem vergoldeten Amtssessel Platz genommen hat. Wie Bittsteller konnten sie sich ihm hier ungehindert nähern. Als wollten sie eine Petition unterbreiten, alle in ehrerbietiger Haltung, sie alle Senatoren. Manche haben sogar die Hände des Herrschers ergriffen, seine Brust geküsst – ein letztes Täuschungsmanöver.

23 Attentäter sind es – so viele Stichwunden jedenfalls zählt Caesars Leichnam; es war verabredet, dass jeder einmal zusticht. Zwei, vielleicht drei Dutzend weitere Senatoren sind als Mitwisser eingeweiht, alles einflussreiche Männer aus dem Führungsgremium Roms.

Die Verschwörer haben sogar daran gedacht, Marcus Antonius von der Versammlung fernzuhalten – den wichtigsten General Caesars, wie dieser einer der zwei Konsuln und auch physisch ein mächtiger Mann –, damit der Diktator ohne persönlichen Schutz dasteht. Doch nun, schon für die ersten Minuten nach dem Attentat, fehlt ihnen ein genauer Plan. Was tun? Da haben sie, so hat es den Anschein, wenig Konkretes verabredet.

Hatten sie im Senat auf einen kollektiven Seufzer der Erleichterung gehofft? Auf eine spontane Welle der Sympathie unter den Bürgern Roms? Auf eine Stimmung, in der sich alles wie von selbst ergibt? Man weiß es nicht. Offensichtlich war der Wunsch, den Usurpator zu stoppen, größer als ihre Weitsicht.

Jedenfalls reckt Marcus Iunius Brutus, Spross einer der ältesten römischen Adelsfamilien und intellektueller Kopf der Attentäter, nun seinen blutigen Dolch in die Höhe. Er, eine stattliche Erscheinung, kräftig und mit ebenmäßigen Gesichtszügen, aber wohl eher ein Schöngeist, der es liebt, die griechischen Philosophen zu diskutieren, als ein Mann der Tat. „Cicero", ruft Brutus nun. Doch seine Stimme kommt nicht gegen die entsetzten Schreie und das aufbrausende Stimmengewirr an. Wildes Durcheinander erfüllt die Halle, kaum dass die etwa 300 anwesenden Senatoren verstehen, was geschehen ist. Panik. Keiner hört Brutus zu.

„Cicero", das sollte wohl wie ein Signal wirken. Der alte Senator und große Rhetoriker Marcus Tullius Cicero – er ist selbst unter den Augenzeugen – hatte im Senat immer wieder gegen die Tyrannei des Einzelnen angeredet. Hatte Caesars Alleinherrschaft – die dieser durch seine militärischen Erfolge und die Loyalität seiner Truppen, durch Ämterhäufung und geschicktes Taktieren errungen und schließlich durch die Ernennung zum Diktator auf Lebenszeit gesichert hatte – als Verstoß gegen die überkommene Ordnung der Republik gegeißelt. Brutus will seinen Kollegen zu verstehen geben, dass nun die alten Regeln wieder gelten. Dass nach dem blutigen Ende des Tyrannen sie erneut selbst Roms Geschicke lenken können – so wie von Cicero gefordert.

Doch die Senatoren wollen davon nichts hören. Sie raffen ihre Togen, stürmen aus der Halle, kopflos, in Angst um ihr Leben. Selbst Cicero flieht; er hatte von der Verschwörung nichts gewusst. Marcus Antonius, der sich vor dem Gebäude aufgehalten hat, flüchtet ebenfalls, verbarrikadiert sich in seinem Haus. Als Mitkonsul fürchtet er, auch zum Anschlagsziel zu werden.

Leer ist der Saal auf einmal. Und so sind es drei Sklaven des Ermordeten, die in der eingekehrten Totenstille den Leichnam bergen und in einer Sänfte fortschaffen.

Alle befürchten nun das Schlimmste. Keiner weiß, was passieren wird. Kehrt die alte Ordnung zurück, wie die Attentäter es sich erträumen, oder droht ein brutaler Kampf um die Macht? Caesar ist tot, aber niemand stattdessen da, Befehle zu erteilen. Wer hält in diesem politischen Vakuum nach dem Mord das Imperium zusammen?

Und so geht es auch um die Zukunft des ganzen römischen Weltreichs. Nicht nur die Politiker am Tiber, alle werden sich im nun beginnenden Machtspiel neu ausrichten müssen: Roms Feinde und Freunde, die Vasallen und Widersacher. Nicht zuletzt auch Kleopatra, Ägyptens seit Monaten in Rom weilende Königin, die nun, da ihr Verbündeter und Geliebter Gaius Iulius Caesar nicht mehr lebt, einen neuen Platz in der Geschichte finden muss, für sich und ihr Reich.

○

IM CHAOS NACH dem Attentat verlassen auch die Mörder rasch den Ort der Bluttat, unter Führung von Brutus und Gaius Cassius Longinus. Cassius hat wie sein Schwager Brutus Caesars Alleinherrschaft verachtet. Er gilt als tapfer, einer, der sich in Gefahr bewährt. Doch wirkt er auf andere auch selbstgefällig, zu sehr auf seinen eigenen Gewinn bedacht. Und so könnte bei ihm auch ein persönliches Rachemotiv eine Rolle spielen: gekränkte

DAS OPFER: Immer mächtiger ist Gaius Iulius Caesar in den Jahren vor seiner Ermordung geworden. Seine Ernennung zum Diktator auf Lebenszeit 44 v. Chr. hat die Anhänger der Republik entsetzt

ZU DEN WICHTIGSTEN
Verschwörern zählen Caesars früherer Vertrauter Decimus Iunius Brutus (hier eine vermutliche Darstellung) und der militärisch versierte, aber selbstgefällige Gaius Cassius Longinus. Der große Rhetoriker Marcus Tullius Cicero, der im Senat schon seit Langem gegen die Tyrannei des Einzelnen wettert, ist nicht in das Komplott eingeweiht, sympathisiert aber damit

Eitelkeit. Er fühlt sich in seinen Karriereplänen vom bis dahin ersten Mann im Staate mehrmals mutwillig übergangen.

Die Dolche noch in der Hand, laufen die Männer nun die wenigen Hundert Meter vom Versammlungssaal hinauf zum Kapitol, dem leicht zu verteidigenden, von Tempeln bestandenen Hügel über dem Forum Romanum. Etwa 100 Gladiatoren beschützen sie. Die hat Decimus Brutus Albinus, der dritte im Bunde der Hauptverschwörer, unter einem Vorwand zuvor in der Nähe stationiert. Decimus war eigentlich ein enger Vertrauter Caesars, ein erfolgreicher General. Doch Ehrgeiz hat ihn wohl in den Verrat getrieben. Er wollte mehr, als ihm der Diktator zugestanden hat. Caesars Anhänger werden ihn fortan mit der größten Verachtung betrachten.

Die Attentäter verschanzen sich auf dem Kapitol, es wird für die nächsten Tage zu ihrer Bastion. Zumindest das hatten sie so geplant. Von hier aus können sie das Forum, das Herz der Stadt, überblicken und zugleich in den Tempeln den Göttern Roms ihre Reverenz erweisen.

Brutus versucht auf der Strecke zum Kapitol zu den Menschen am Weg zu sprechen, ruft dabei wieder und wieder ein Wort: „Freiheit!" Doch die Leute weichen aufgeschreckt zurück: „Lauft!", warnen sie einander, „Verschließt eure Türen!" Die Verschwörer haben offenkundig auch die Stimmung in der Bevölkerung völlig falsch eingeschätzt. Und ebenso die Entschlossenheit der vielen Anhänger des Ermordeten.

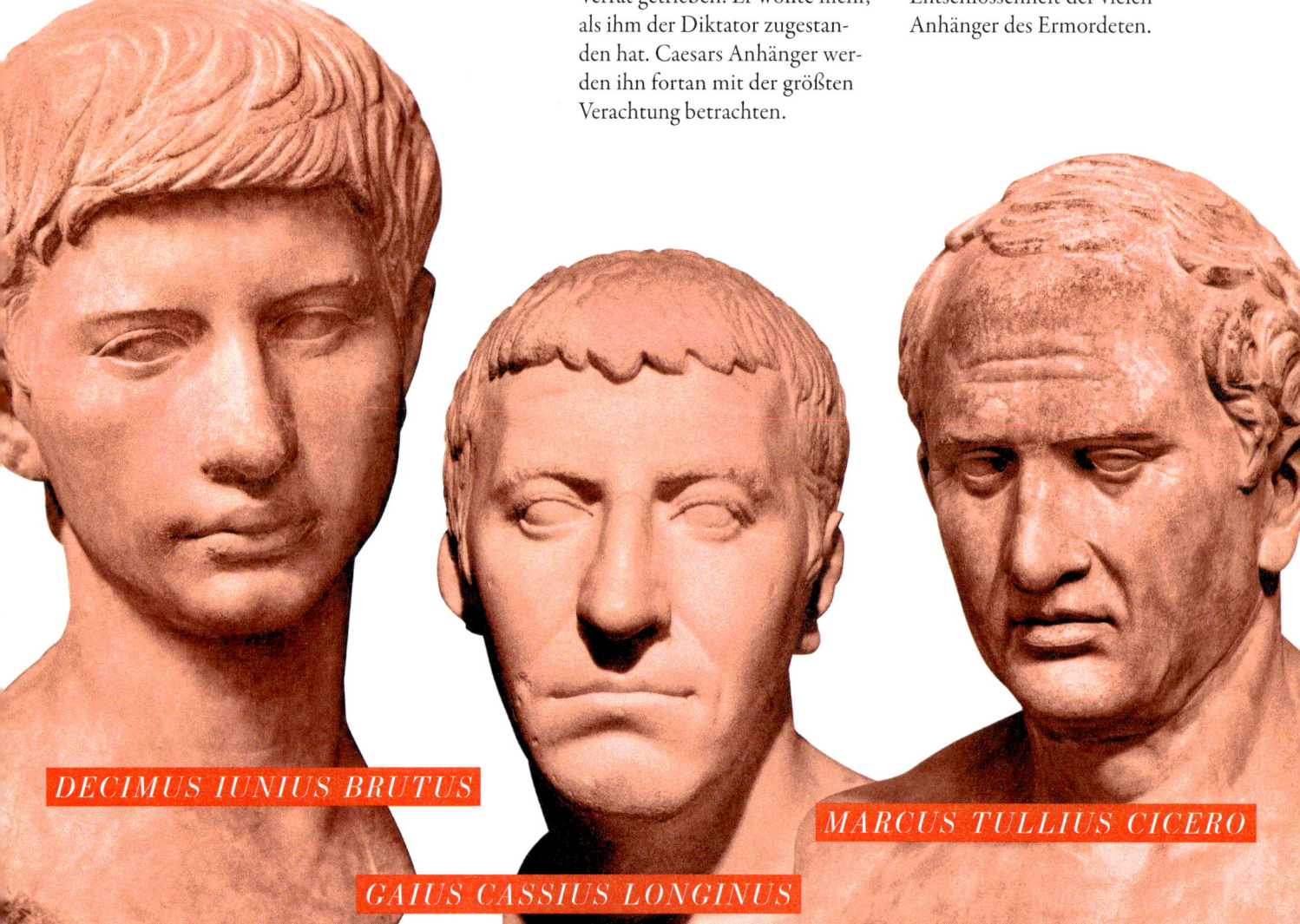

DECIMUS IUNIUS BRUTUS

GAIUS CASSIUS LONGINUS

MARCUS TULLIUS CICERO

Noch am Abend lässt Caesars militärischer Stellvertreter Marcus Aemilius Lepidus am Forum und unterhalb des Kapitols Legionäre aufmarschieren.

Marcus Antonius seinerseits, als Mitkonsul Caesars nun ranghöchster Repräsentant des Staates und ohnehin ein Mann von zupackendem Charakter, bringt am Tag darauf dessen Witwe dazu, ihm Caesars Nachlass zu übergeben. Ob sie der Forderung unter Drohungen und Hinweis auf sein Staatsamt oder freiwillig nachkommt, ist offen. Damit jedenfalls hat er Zugriff auf 4000 Talente, ein gewaltiges Vermögen in bar. Hinzu kommen die Staatspapiere, die ihm einen enormen Wissensvorsprung vor allen anderen verschaffen.

Am Tag nach dem Mord also sind zumindest die Frontlinien klar: die Verschwörer um Brutus, Cassius und Decimus gegen Caesars Gefolgsleute unter Führung von Marcus Antonius und Lepidus. Sonst aber bleibt alles offen. Beide Seiten haben ihre Gefolgsleute, im Senat und auf den Straßen Roms. Keines der beiden Lager wagt in der unübersichtlichen Situation, die Machtfrage zu stellen.

Auch deshalb einigt man sich bereits wiederum einen Tag später auf einen vorläufigen Kompromiss: Caesars Anhänger gestehen dessen Mördern

DIE ATTENTÄTER HABEN DIE STIMMUNG IM VOLK VERKANNT

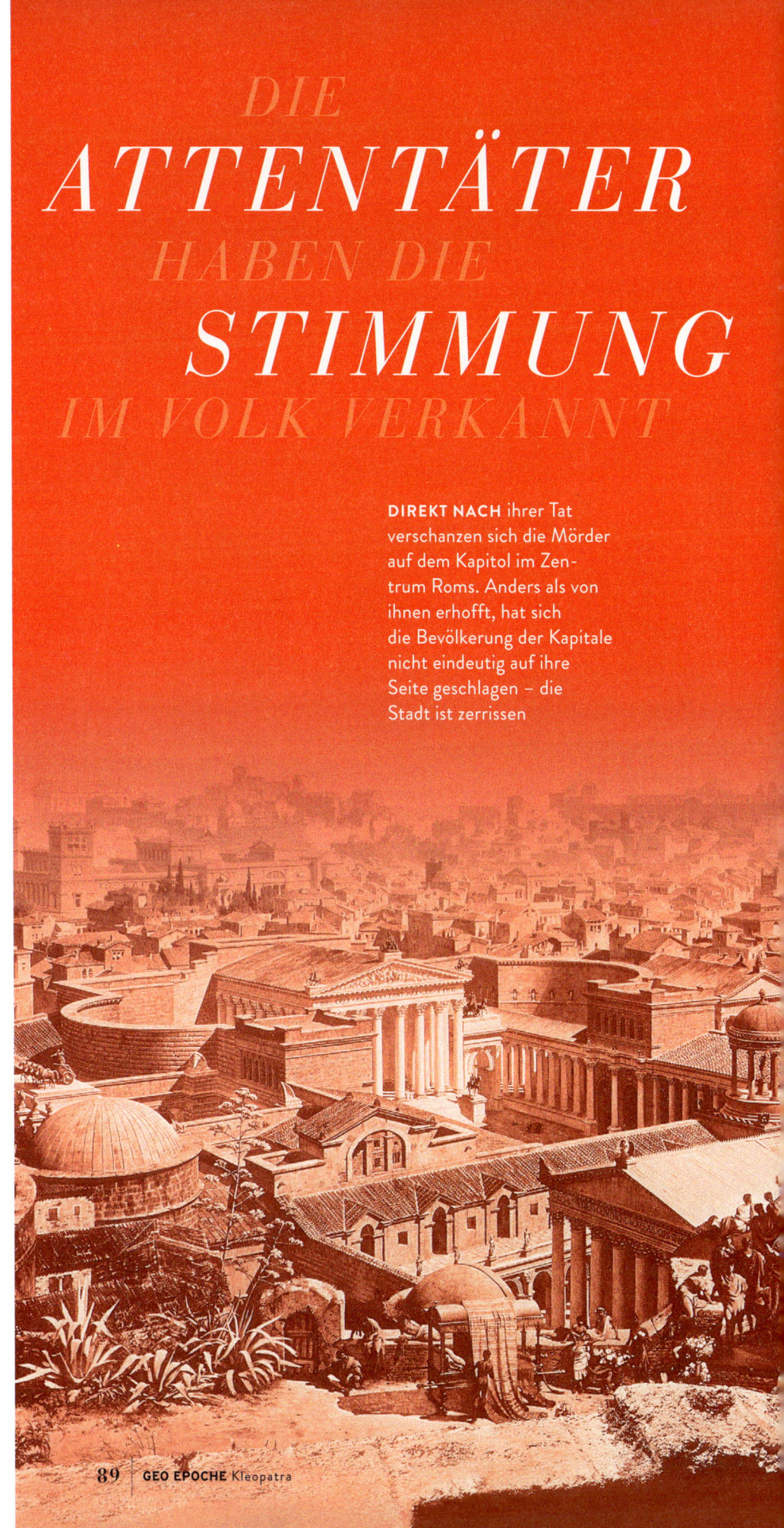

DIREKT NACH ihrer Tat verschanzen sich die Mörder auf dem Kapitol im Zentrum Roms. Anders als von ihnen erhofft, hat sich die Bevölkerung der Kapitale nicht eindeutig auf ihre Seite geschlagen – die Stadt ist zerrissen

KLEOPATRA betrauert ihren ermordeten Geliebten Caesar. Aber sie kalkuliert auch, welche Kontrahenten im Nachfolgestreit mehr Aussicht auf Erfolg haben – mit diesen will sie sich verbinden

widerwillig Straffreiheit zu. Die aber akzeptieren, dass das Ziel ihres Anschlags, die Wiederherstellung der alten Ordnung, in weite Ferne rückt. Denn alle Gesetze, die Caesar erlassen hat, alle Ernennungen – inklusive der Konsuln für die folgenden Jahre – sollen weiter gelten.

○

19. MÄRZ, 44 V. CHR. Am Tag vier nach dem Mord nehmen die Dinge in Rom eine weitere unvorhergesehene Wendung: Das Testament des Toten wird verlesen. Caesar hat darin den erst 18-jährigen Gaius Octavius, Enkel seiner jüngeren Schwester und damit sein Großneffe, als Haupterben eingesetzt und zugleich posthum als Sohn adoptiert. Kaum jemand hat das erwartet – auch Marcus Antonius nicht, der sich das Barvermögen Caesars ja bereits angeeignet hatte. Der zielstrebige junge Erbe aber wird bald allen Seiten zu verstehen geben, dass er den letzten Willen seines Großonkels auch als politisches Vermächtnis sieht.

An den Iden des März hatte er sich weitab vom Geschehen im heutigen Albanien aufgehalten, wo Caesar sechs Legionen für einen Krieg gegen die Parther im Osten bereithielt. Gaius Octavius, vorausgeschickt, sollte Caesars zweiter Mann auf dem bevorstehenden Feldzug werden. Zweifellos wollte der Diktator ihn wie schon seit einiger Zeit fördern, vielleicht sogar als seinen Nachfolger aufbauen.

Von seiner Mutter über die Ereignisse in Rom informiert, schifft sich der junge Mann nach Italien ein. Wenige Wochen später, der Ermordete ist da bereits feierlich bestattet worden, erreicht er die Tiberstadt und nimmt das Erbe offiziell an – und damit auch den gleichen Namen wie sein Adoptivvater, Gaius Iulius Caesar. (Der Nachwelt wird er als Octavian bekannt, obwohl er sich selbst nie so genannt hat.)

In der erschütterten, tief gespaltenen Metropole öffnet sich nun noch ein weiterer Riss: im Lager der Caesar-Anhänger, der Caesarianer, die um das Vermächtnis des Verstorbenen ringen. Denn Octavian beginnt sofort damit, Teile von Caesars letztem Willen auszuführen: Im Lauf des Sommers zahlt er jedem römischen Bürger 300 Sesterzen in bar aus, ganz so, wie es der tote Machthaber verfügt hatte, zusammen 90 Millionen Sesterzen, eine unglaubliche Summe. Doch es ist ein geschickter Zug, um die öffentliche Meinung für sich zu gewinnen. In den Augen der Römer etabliert sich Octavian so als Nachfolger seines Adoptivvaters.

Das wiederum kann und will Marcus Antonius nicht akzeptieren. Er sieht sich selbst als wahren Erben des Diktators, ist nicht bereit, dem jungen Emporkömmling Caesars Vermögen zuzugestehen – und noch weniger dessen Machtstellung im Staate.

Ganz deutlich geriert sich Marcus Antonius, weiterhin Konsul, als neuer starker Mann in Rom. Er wirbt unter Caesars Veteranen um Anhänger, die er im Zweifel als Legionäre mobilisieren könnte. Und Marcus Antonius beansprucht die Statthalterschaft in der Provinz Gallia Cisalpina – Norditalien.

Die war noch vor Caesars Tod Decimus übertragen worden, dem späteren Verschwörer. Dieser soll sie nun wieder abgeben.

Unterdessen haben die Attentäter Brutus und Cassius Rom verlassen, auch aus Angst vor Racheakten. Im August 44 v. Chr. ziehen sie weiter nach Griechenland und Kleinasien. Ihr Vertrauter am Tiber bleibt Cicero.

Der alternde Senator wiederum wendet sich nun vor allem gegen die Ambitionen von Marcus Antonius. Lautstark tritt er im Senat als Wortführer der alten Garde der Republikaner auf, die nie wieder einen Alleinherrscher wie Caesar dulden wollen. Wie die Verschwörer wollen sie zurück zur alten Ordnung, in der die beiden Konsuln zwar die ersten Männer im Staate sind, sich jedoch gleichwohl der Kontrolle durch den Senat fügen und nach einem Jahr ihr Amt räumen.

Octavian seinerseits sichert sich skrupellos nach allen Seiten ab. Zum einen schwört er Rache für den gewaltsamen Tod Caesars, umschmeichelt aber gleichzeitig Cicero, der aus seiner Freude über den Tyrannenmord keinen Hehl macht.

Im Herbst 44 v. Chr. zeigt sich so eine neue Frontstellung gegen Marcus Antonius. Ein geradezu bizarres Bündnis: Den Anhängern der Republik unter Führung Ciceros, die mit den Verschwörern offen paktieren, schließt sich Caesars Adoptivsohn Octavian an. Und bald darauf tritt mit Decimus sogar einer der Mörder der neuen Allianz bei – denen Octavian doch eigentlich Vergeltung angedroht hat.

IN DEN Monaten nach dem Attentat sammeln die Rivalen Truppen, stellen Legionen auf (Replik einer römischen Speerspitze)

Es ist eine halsbrecherische Dynamik, die das Geschehen ein halbes Jahr nach dem Attentat angenommen hat. Weiterhin ist kaum etwas eindeutig, jede Rückkehr zu einer Ordnung – ob alt oder neu – ungewiss.

So viel aber ist sicher: Der Machtkampf wird nun nicht mehr allein mit Worten in den Versammlungen des Senats ausgetragen. Waffen sind es, die jetzt zählen, und Legionäre. Marcus Antonius unterstellt sich kurzerhand mithilfe großzügiger Soldzahlungen zwei der vom Balkan zurückkehrenden Legionen. Octavian wiederum gelingt es, Teile dieser Truppe abzuwerben – ohne jede rechtliche Grundlage, aber unter Hinweis auf sein Erbe und noch üppigere Geldversprechen. Decimus kommandiert seinerseits zwei Legionen in Norditalien und stellt eine dritte auf. Und der Senat hebt unter Führung zweier neuer Konsuln, die turnusgemäß zum Anfang des neuen Jahres ihr Amt angetreten haben, ebenfalls Truppen aus. Die noch von Caesar bestimmten Amtsträger haben sich mit der alten Garde im Senat arrangiert, um gegen Marcus Antonius vorzugehen.

Beim norditalienischen Mutina (heute Modena) treffen beide Seiten im Frühjahr aufeinander. Marcus Antonius hat Decimus und seine Legionäre in der Stadt eingeschlossen. Von Süden aus marschieren die Soldaten des Senats unter Führung der beiden neuen Konsuln sowie die Truppen Octavians als Entsatz heran, sprengen den Belagerungsring. Marcus Antonius

NEUE BÜNDNISSE UND FEINDSCHAFTEN ENTSTEHEN

AUS ANGST vor Racheakten verlassen die führenden Attentäter Rom und wappnen sich in entfernten Provinzen des Reiches für den Endkampf

muss sich zurückziehen, er weicht mit seinen Kriegern Richtung Gallien aus.

Bei den Kämpfen sind allerdings die beiden neuen Konsuln gefallen. Octavian ist daher mit seinen inzwischen 19 Jahren auf einen Schlag alleiniger Anführer einer großen Armee. Und die Soldaten sind dem Erben Caesars treu ergeben. Der Senat befiehlt dem jungen Feldherrn, Marcus Antonius zu verfolgen. Die Gefahr durch einen Tyrannen, wie es Caesar einer war und Marcus Antonius offenbar sein will, soll ein für alle Mal beseitigt werden.

Doch nun die nächste Wendung: Octavian weigert sich. Stattdessen schickt der junge Mann eine Abordnung seiner Offiziere nach Rom mit der Forderung, ihn zum Konsul zu ernennen. Es ist ein dreistes Ansinnen. Normalerweise müssen Roms Konsuln mindestens 42 Jahre alt sein und zuvor andere Ämter im Staat durchlaufen haben, ehe sie nach diesem höchsten greifen dürfen. Cicero und seinen konservativen Mitstreitern wird plötzlich klar: Caesars junger Erbe will die Republik nicht wiederherstellen – und sie haben den Machtwillen des jugendlichen Aufsteigers fatal unterschätzt. Denn als sie sich verweigern, befiehlt Octavian seinen Soldaten im August 43 v. Chr. den Marsch auf die Kapitale.

Es ist nichts anderes als ein Militärputsch: Octavian erzwingt mit Waffengewalt seine Ernennung zum ersten Mann des Staates, mit 19 Jahren. Kurz darauf übernimmt er den Vorsitz in einem Tribunal, das alle Caesar-Mörder in Abwesenheit zum Tod verurteilt. Octavian geht daran, sein Rachegelübde einzulösen. Die Senatoren um Cicero, die mit den Attentätern sympathisieren, sind fortan seine Gegner. Und deren erklärter Feind, Marcus Antonius, wird nun sein neuer Freund.

Noch im Oktober 43 v. Chr. trifft sich Octavian mit Marcus Antonius und dem altgedienten Caesar-General Lepidus (der seine Soldaten am Abend des Attentats in Rom hatte aufmarschieren lassen). Alle drei wollen eigentlich die Macht in Rom für sich allein, doch gemeinsam beschließen sie nun die Bildung eines Triumvirats, eines Dreimännerbundes, und teilen sich die Herrschaft über die Provinzen des Imperiums untereinander auf. Angesichts der militärischen Stärke der drei verabschieden Roms eingeschüchterte Politiker ein Gesetz, das den Triumvirn die Macht im Staate, begrenzt auf fünf Jahre, auch formal zugesteht.

Nun wollen die drei klare Verhältnisse schaffen, Konkurrenten nicht mehr dulden, genauer gesagt: sie ausschalten. Sie verabreden schlicht, ihre jeweiligen politischen Gegner zu beseitigen und deren Besitztümer einzuziehen (aus den Verkaufserlösen sollen ihre Soldaten bezahlt werden).

Gemeinsam stellen sie eine Todesliste zusammen. Auch Cicero steht darauf. Häscher bringen ihn im Dezember

AUFSEITEN der Caesarianer sind die Militärbefehlshaber Publius Cornelius Dolabella und Marcus Aemilius Lepidus mit tonangebend. Doch übernimmt überraschend Caesars Großneffe und Erbe, der ehrgeizige, erst 18-jährige Octavian, mehr und mehr die Initiative

PUBLIUS CORNELIUS DOLABELLA

GAIUS OCTAVIUS (OCTAVIAN)

MARCUS AEMILIUS LEPIDUS

43 v. Chr. in der Nähe seiner Villa bei Neapel um. Sein Kopf und die abgetrennten Hände schicken die Exekutoren nach Rom, wo sie auf dem Forum öffentlich zur Schau gestellt werden. Den Ermordungen fallen mehr als 2000 Römer aus den vornehmsten Familien zum Opfer. Die Führungselite der alten Republik, die sich Caesar und seinen Anhängern widersetzt hatte, ist weitgehend ausgelöscht. Auch Decimus überlebt das Jahr nicht. Ihn haben nach und nach seine Truppen verlassen. Ein gallischer Fürst lässt ihn ermorden, um sich mit Marcus Antonius gut zu stellen. Caesars Gefolgsleute haben auf ganzer Linie gesiegt.

Allerdings nur im Westen des Imperiums.

D enn der Kampf um die Macht im Römischen Reich ist noch immer nicht entschieden. Im Osten – in den Provinzen von Griechenland und Kleinasien bis nach Syrien – haben sich die Verschwörer Brutus und Cassius festgesetzt. Dorthin waren sie im Jahr 44 v. Chr. gegangen, versehen mit Ämtern, die ihnen sogar noch Marcus Antonius zugesagt hatte, um sie vom Tiber fernzuhalten.

Brutus, der sich erst einmal in Athen philosophischen Studien gewidmet hatte, entschloss sich offenbar bald, um die Macht in Rom zu kämpfen. Binnen Kurzem baut er in der Folge eine große Streitmacht auf. Der römische Statthalter der Provinz Makedonien (die das heutige Nordgriechenland, die Republik Nordmazedonien und Albanien umfasst), ein alter Freund, überlässt ihm seine Legionen. In Illyricum (im Nordwesten der Balkanhalbinsel) meutern die Legionäre gegen den Statthalter und laufen zum Caesar-Mörder über. Zudem wirbt Brutus Veteranen der Kämpfe zwischen Caesar und Pompeius an, die in Nordgriechenland zurückgeblieben waren.

Cassius wiederum ist, nachdem er Italien verlassen hatte, nach Syrien gegangen. Hier gerät er bereits im Frühjahr 43 v. Chr. mit Publius Cornelius Dolabella, einem vormaligen General Caesars, aneinander. Beide beanspruchen den Posten des römischen Statthalters für sich.

Und spätestens damit rückt der römische Machtkampf ganz in die Nähe von Ägyptens Herrscherin Kleopatra. Die Pharaonin hatte sich nach der Ermordung Caesars aus den innerrömischen Streitigkeiten herausgehalten und Rom einige Wochen später verlassen. Nun beobachtet sie von Alexandria aus nervös und mit gemischten Gefühlen die unübersichtliche Lage im Imperium. Auf der einen Seite tendiert sie aus Verbundenheit zu ihrem ermordeten Geliebten zu den Caesarianern; zudem kennt sie Marcus Antonius gut.

Andererseits will Kleopatra sich und ihr Reich in dem Konflikt, dessen Ausgang vollkommen offen ist, nicht zu eindeutig positionieren, versucht sie, sich auch mit den Caesar-Mördern zu arrangieren und Kontakte zu deren Lager aufrechtzuerhalten. Doch wahrscheinlich früher, als es ihr lieb ist, muss sie wählen.

IM HERBST 42 v. Chr. kommt es bei Philippi schließlich zur Entscheidungsschlacht der Fraktionen – in einem der opferreichsten Waffengänge der römischen Geschichte (Replik eines römischen Schwertes)

Am Nil stehen mehrere römische Legionen, über die sie einst von Caesar die Verfügungsgewalt erhalten hat. Beide Kontrahenten in Syrien, Cassius und Dolabella, fordern die Soldaten nun zur Unterstützung an. Kleopatra entscheidet sich gegen den Caesar-Mörder und setzt die Truppen in Marsch, um dem Caesarianer Dolabella zu helfen. Doch die Soldaten, in Syrien angekommen, laufen zu Cassius über. Der nun hoffnungslos unterlegene Dolabella lässt sich von einem eigenen Leibwächter töten, um der Gefangenschaft zu entgehen.

Ob sich Ägyptens Königin in dieser Phase eindeutig für ein Lager entscheidet, ist umstritten. Möglicherweise laviert sie. Jedenfalls übergibt der Statthalter auf der zu ihrem Reich gehörenden, strategisch wichtigen Mittelmeerinsel Zypern nun Cassius das Kommando über die dortige ägyptische Flotte (ob eigenmächtig oder durch Kleopatra instruiert, ist nicht klar). Damit kontrollieren die Caesar-Mörder den Osten des Mittelmeers.

Cassius allerdings scheint die Waffenhilfe nicht sehr zu beeindrucken. Er plant bereits eine Invasion Ägyptens, um Kleopatra für die Unterstützung von Dolabella zu bestrafen. Doch dann ruft Brutus ihn Anfang 42 v. Chr. nach Kleinasien.

Denn der andere Caesar-Mörder hat engen Briefkontakt nach Rom und erwartet nun jederzeit einen Angriff von Marcus Antonius und Octavian. Um ihre Kriegskasse aufzufüllen, plündern Cassius und Brutus zunächst getrennt voneinander einige griechische Städte. Dann vereinigen sie im Sommer ihre

Armeen in Kleinasien, überqueren die Dardanellen und ziehen gen Westen. Marcus Antonius und Octavian wiederum führen ihre Legionen über die Adria nach Nordgriechenland – Kurs Osten. Eine Entscheidungsschlacht bahnt sich an.

Noch einmal versucht Kleopatra einzugreifen, jetzt sogar persönlich. Sie segelt mit dem Rest ihrer Flotte von Alexandria aus Richtung Griechenland, um dort die Streitmacht der Caesarianer zu unterstützen. Doch auch dieses Unternehmen scheitert: Ein Sturm zerschlägt einen Großteil von Kleopatras Schiffen, sie selbst entgeht nur knapp dem Ertrinken.

IM HERBST 42 V. CHR. schließlich treffen die Truppen von Marcus Antonius und Octavian und die Armeen der Verschwörer Brutus und Cassius bei Philippi, östlich des heutigen Thessaloniki, aufeinander. 23 Männer waren es einst, die Caesar erdolcht und damit die gewaltsame Konfrontation ausgelöst haben. Nun stehen sich beide Seiten mit jeweils mehr als 100 000 Mann gegenüber, in einer unheilvollen Pattsituation.

Marcus Antonius, der erfahrenste Stratege unter den vier Befehlshabern, startet ein Umgehungsmanöver. In der ersten Schlacht im Oktober gelingt es ihm, ins Lager von Cassius vorzudringen. Cassius begeht Selbstmord. Die Truppen von Brutus aber halten die Stellung. Erst drei Wochen später – wahrscheinlich am 23. Oktober 42 v. Chr., aber die antiken Quellen sind da unpräzise – überwältigen die Caesarianer auch ihren zweiten Gegner. Brutus tötet sich ebenfalls, um der Gefangennahme zu entgehen.

Etwa 40 000 Soldaten sind insgesamt gefallen, eine der opferreichsten Schlachten in der Geschichte Roms. Octavian lässt den Kopf des Brutus abtrennen und nach Rom schicken, um ihn dort am Fuß einer der Statuen seines Adoptivvaters öffentlich zu präsentieren. (Die grausige Trophäe geht allerdings auf dem Weg in der Adria verloren.)

Der Taumel, in den das Imperium nach dem Attentat gestürzt war, die Phase der Ungewissheit, kommt nun, zwei Jahre und sieben Monate nach den Iden des März, zu einem Ende. Die römische Welt gehört endgültig den politischen Erben Caesars – nicht denjenigen, die versuchten, die alte Ordnung der Republik zu wahren, und dafür zum Äußersten schritten.

Nach dem Sieg von Philippi teilen sich die Triumvirn die Provinzen des Reiches erneut untereinander auf, wobei Lepidus, der schwächste unter den drei Männern, mit der Herrschaft über Nordafrika abgefunden wird. Faktisch ist Octavian nun starker Mann im Westen des Imperiums und in der Kapitale, Marcus Antonius der Herrscher im wohlhabenden Osten des Reichs.

Auch für Kleopatra, die wichtigste unter Roms verbündeten Regenten, herrscht nun wieder Klarheit über die Machtverhältnisse und darüber, mit wem sie sich in Zukunft auseinandersetzen muss. Ihr neuer Ansprechpartner im Imperium ist Marcus Antonius. Politisch – und bald auch sehr persönlich. ◊

LITERATURTIPPS

BARRY STRAUSS
»Die Iden des März – Protokoll eines Mordes«
Spannende Rekonstruktion des Attentats auf Caesar (Theiss).

KATHRYN TEMPEST
»Brutus – The Noble Conspirator«
Standardbiografie des berühmtesten Caesar-Mörders (Yale University Press).

Lesen Sie auch »Cicero: Die Macht des Wortes« (aus GEOEPOCHE Nr. 50) über den einflussreichen Sympathisanten der Caesar-Mörder auf www.geo-epoche.de

---

IN KÜRZE

Nach dem Attentat auf Caesar wankt das politische System des Römischen Reichs in einem erbitterten Lagerkampf. Bei Philippi siegen 42 v. Chr. die Caesarianer, deren mächtigste Vertreter, Marcus Antonius und Octavian, das Imperium weitgehend unter sich aufteilen. Kleopatra, die sich nach einigem Zögern auf die Seite der Sieger geschlagen hatte, muss sich fortan mit einer neuen Ordnung arrangieren.

41 v. Chr.
Machtentfaltung

DIE
GÖTTLICHE UND DER
FELDH

Caesars Tod und die anschließenden Verwerfungen haben Rom erschüttert – und auch Kleopatras Stellung unsicherer gemacht. Die Pharaonin weiß, dass sie ihre Verbindung zum Imperium erneuern muss und dass Marcus Antonius, der den Osten des Reiches kontrolliert, die Schlüsselfigur dafür ist. Im Jahr 41 v. Chr. beginnt sie eine Beziehung mit dem Heerführer und Politiker, in der sie so kühn agiert wie nie zuvor, die sie höher aufsteigen lässt denn je, höher als fast all ihre Vorfahren

BEI IHREM TREFFEN mit Marcus Antonius (linke Seite) in Tarsos im Süden Kleinasiens 41 v. Chr. inszeniert sich Kleopatra als nahezu gottgleiche Erscheinung. Ihre prunkvolle Ankunft per Schiff lässt sie jedoch mächtiger erscheinen, als sie zu diesem Zeitpunkt tatsächlich ist (hier und auf den nächsten Seiten Darstellungen von Wandteppichen des 17. und 18. Jahrhunderts)

IN TARSOS besiegeln der römische Feldherr und die ägyptische Königin ihr Bündnis. Fortan wollen sie ihre Interessen im östlichen Mittelmeerraum gemeinsam verfolgen. Und höchstwahrscheinlich kommen sich die beiden in diesen Tagen auch körperlich näher

WAS IST ZUNEIGUNG, WAS KALKÜL?

41 v. Chr. | Machtentfaltung

TEXT: *Katharina von Ruschkowski*

DIE GÖTTIN NAHT! Auf einem Schiff gleitet sie über die Wellen, den Sterblichen entgegen. Das Heck ihres Gefährts ist von Gold überzogen und mit Silber die Riemen. Rhythmisch tauchen die Ruder ins Wasser ein, folgen dem Takt der Flöten und Oboen, die an Bord erklingen. Am Steuer und bei den Tauen stehen anmutige Dienerinnen. Und nackte Knaben fächeln der Verehrten Kühlung zu. Die liegt unter einem goldbestickten Baldachin, der das Deck überspannt: Kleopatra – selbst reich geschmückt und unverhüllt zugleich, so deutet es später der antike griechische Schriftsteller Plutarch an, auf dessen Darstellung viele Details zurückgehen. Sie trägt wohl ihre Krone und einige Arm- und Fußreifen. Eine lange, mit blitzenden Edelsteinen besetzte Kette kreuzt sich unterhalb der bloßen Brust, ein Gürtel aus Perlen liegt über ihrer Scham.

Vom Schiff wallt der schwere, süße Duft von entzündetem Räucherwerk auf, zieht Richtung Ufer. Dort laufen die Menschen jauchzend und jubelnd zusammen, drängeln, versuchen einen Blick zu erhaschen auf dieses Spektakel, diese so außergewöhnliche Frau – eine Erscheinung nicht von dieser Welt.

Derweil wartet jener, der Kleopatra hierher, nach Tarsos in Kilikien im Süden Kleinasiens, bestellt hat, auf dem mittlerweile fast menschenleeren Marktplatz der Stadt: Marcus Antonius, einer der beiden neuen Herrscher des Römischen Reiches. Schon zum zweiten Mal, nach Caesar, trifft Kleopatra einen mächtigen Römer, um sich mit ihm zu verbünden. Doch die Begegnungen könnten kaum unterschiedlicher sein. Diesmal ist da keine Heimlichkeit, keine Not, kein Bitten wie in jener Nacht, als sie Caesar aufsuchte. Stattdessen Stolz und unbändiges Selbstbewusstsein, überbordender Pomp, Glorie.

In einer Kriegsgaleere ist Kleopatra nach Kleinasien gesegelt. Wo der Fluss Kydnos, an dem Tarsos liegt, ins Mittelmeer mündet, ist sie umgestiegen auf ihr Prachtschiff; nun lässt sie sich an diesem Sommertag des Jahres 41 v. Chr. stromaufwärts zur Stadt rudern – ein wahrhaft gottgleicher Auftritt.

Auch Marcus Antonius hat sich schon wie ein Unsterblicher inszeniert. Seit Monaten ist der Römer in der Region unterwegs, um dort die ihm untergebenen Fürsten zu empfangen, ihnen Treue und Tributzahlungen abzufordern. Stets hat er sich dabei als „Neos Dionysos", neuer Dionysos, feiern lassen, als Gott des Weines, der Freude und der Fruchtbarkeit. So haben es sicher Boten Kleopatra zugetragen.

Die Pharaonin weiß um Roms Macht, aber sie hat es nicht nötig, sich bedingungslos zu unterwerfen. Dank ihr hat Ägypten eine schwere Wirtschaftskrise überwunden, ist das Land nun wieder stabil, wohlhabend und einflussreich. Wenn Marcus Antonius, wie von ihm geplant, seine Macht im Osten sichern will, dann braucht er sie als Partnerin. Es wäre eine Verbindung, die auch Kleopatra bestens nutzen könnte. Längst verfügt sie über die politische Erfahrung, diese

Chance genau zu erkennen. Und so tritt sie ihm in Tarsos nun ebenfalls wie eine Gottheit entgegen. Auf Augenhöhe.

Als sie schließlich im Hafen festmacht, dreht Kleopatra die Vorzeichen sogar um. Sie lässt dem gastgebenden Römer nunmehr eine Einladung auf ihr Schiff zukommen. Dort treffen sie sich bei Abendanbruch, in einem Meer aus Lichtern. Marcus Antonius lässt sich mit feinsten Speisen von edelsteinbesetzten Tellern verwöhnen und von Kleopatra auf dick gepolsterte Ruhesofas führen. Niemand weiß genau, wie und wo diese Nacht für beide endet – so sehr sie auch von antiken und späteren Dichtern ausgeschmückt werden wird.

Gewiss aber ist: Kleopatra gelingt an diesem Tag ein politisches Meisterwerk, eine ebenso glanz- wie wirkungsvolle Zurschaustellung von Größe. Und doch muss sie den Gipfel ihrer Macht, den sie in ihrem Ehrgeiz anstrebt, erst noch erklimmen, ihre größte Vision erst noch wahr werden lassen. An der Seite eines neuen Partners. Die göttliche Inszenierung von Tarsos, sie ist auch eine Wette auf die Zukunft.

Die Vergangenheit war schwierig, zumindest die jüngere. Nach dem gewaltsamen Tod Caesars im März 44 v. Chr. hat Kleopatra nervös verfolgt, wie sich die chaotischen Verhältnisse im Imperium entwickeln: bei jenem komplizierten Ringen um die Macht, das damals jäh ausgebrochen ist.

Dessen Ausgang hat auch für Kleopatra immense Bedeutung. Ägypten ist zwar formal unabhängig, steht aber schon seit Generationen unter Roms Einfluss, ist nurmehr ein Klientelkönigreich: Die Entscheidungen der Herrschenden, vor allem die außenpolitischen, müssen vor den römischen Machthabern bestehen; sonst kann es sein, dass sie sich einmischen. Eine gute Beziehung verspricht andererseits Schutz und Unterstützung. Kleopatra weiß also: Für eine erfolgreiche Regentschaft braucht sie, nach Caesars Tod, das Wohlwollen der neuen Herrscher. Bloß – wer wird das künftig sein?

Als sich der Kampf um die Macht im Imperium hinzieht, scheint die Pharaonin – als Mutter eines Caesar-Sohnes eigentlich dessen Anhängern nah – zu lavieren. Sie will, sie muss sich alle Möglichkeiten offenhalten. Sie ist, mit Mitte 20, inzwischen eine geschickte, weitsichtige Politikerin. Wahrscheinlich wagt sie sogar zeitweise ein doppeltes Spiel. Spätestens 42 v. Chr. aber bekennt sie sich eindeutig zu den Caesarianern.

SCHON BALD NACH Tarsos treffen sich Kleopatra und Marcus Antonius in Alexandria wieder, diesmal für mehrere Monate. Antike Autoren überliefern etliche Anekdoten aus dieser scheinbar oft unbeschwerten Zeit. Etwa, dass sich der beim Angeln erfolglose Römer heimlich einen Fisch auf den Haken stecken lässt – und Kleopatra, die den Trick bemerkt, ihn daraufhin foppt, indem sie ordert, ein bereits geräuchertes Exemplar an seiner Rute zu befestigen

ANGEBLICH behauptet Kleopatra in Alexandria, sie könne eine Mahlzeit im Wert von 10 000 Sesterzen verspeisen. Als Marcus Antonius die Wette annimmt, löst sie ihre teuerste Perle in Essig auf und trinkt das Gebräu

BEI ALLER LEICHTIGKEIT hat die Verbindung der beiden (hier die Szene eines Abschieds) handfeste machtpolitische Beweggründe: Marcus Antonius braucht Kleopatra für seinen Kampf gegen die Parther, die vom Osten her die Grenzen des Reiches bestürmen. Und Kleopatra hofft, durch die Allianz ihren Einfluss über Ägypten hinaus zu mehren

In der Schlacht von Philippi schlagen diese in jenem Jahr die Caesar-Mörder entscheidend. Nun machen sich die Sieger daran, die Ordnung im Reich wiederherzustellen. Allen voran die beiden mächtigen Mitglieder des in Rom regierenden Dreierbundes, des Triumvirats: Caesars 21-jähriger Adoptivsohn Octavian sowie der etwa doppelt so alte Marcus Antonius, ein erfahrener Feldherr und Freund des Ermordeten. (Der dritte Triumvir Marcus Aemilius Lepidus ist faktisch weitgehend machtlos.)

Die beiden teilen sich die Herrschaft im Imperium auf: Während Octavian die Kontrolle über einige von Roms westlichen Provinzen übernimmt, ist Marcus Antonius fortan vor allem für den Osten verantwortlich – und damit auch für die Beziehung zum ägyptischen Reich von Kleopatra. In ihm sieht die Pharaonin nun den neuen Mann, um ihre eigene Macht abzusichern und, nach Möglichkeit, auszubauen.

MARCUS ANTONIUS IST FÜR SIE kein Unbekannter. Sie ist ihm bereits in Alexandria begegnet, als Caesar dort weilte und sich schließlich mit der jungen Königin verband. Sicherlich haben sich die Wege der zwei auch während Kleopatras Aufenthalten in Rom in den Jahren 46 bis 44 v. Chr. gekreuzt. Sie vermag den neuen Machthaber daher einzuschätzen. Weiß wohl, dass er dafür bekannt ist, keiner attraktiven Frau aus dem Weg zu gehen.

Aber Marcus Antonius gilt ebenso als guter Heerführer – und genau solche Fähigkeiten werden im Osten nun gebraucht. Denn dort sind die Parther auf dem Vormarsch, die vom Gebiet des heutigen Iran aus ein Großreich errichtet haben. Jetzt drängen sie gen Westen und bedrohen mittlerweile massiv Roms Position in Vorderasien. Die Parther haben die innerrömischen Wirren genutzt, um syrisches Gebiet einzunehmen. Nur noch wenige der dortigen Herrscher verhalten sich Rom gegenüber loyal. Schon ein gutes Jahrzehnt zuvor hatten römische Legionen eine demütigende Niederlage gegen die Parther erlitten. Caesar plante einen Vergeltungsfeldzug, den er aber nicht mehr beginnen konnte. Nun schickt sich sein ehemaliger Gefährte Marcus Antonius an, das Vorhaben zu vollenden und die „Krankheit Asiens" zu heilen. So formuliert er es in Briefen an lokale Machthaber, verbunden mit der Forderung nach Unterstützung.

Im Frühjahr 41 v. Chr. – Marcus Antonius ist da bereits in Kleinasien unterwegs, um mit möglichen Kriegspartnern zu verhandeln – lässt er die Nachricht auch Kleopatra zukommen. Der Königin, dessen ist sich der Römer bewusst, kommt eine zentrale Rolle zu. Sie unterhält im syrischen Raum ein einflussreiches Netzwerk. Vor allem aber verfügt sie über beträchtliche militärische und finanzielle Ressourcen, ohne die das Unternehmen kaum denkbar wäre.

Doch Kleopatra antwortet dem Römer nicht. Sie kennt die Stärke ihrer Position, ihre Mittel – und die Möglichkeiten, die sich daraus für sie ergeben könnten: eine Partnerschaft nahezu auf Augenhöhe. Eine gestaltende, nicht nur eine ausführende Rolle bei der Neuordnung im Osten des Imperiums. Ägypten, so mag sie es sich bereits vorstellen, könnte dabei wieder zu einstiger Bedeutung aufsteigen. Kurz: Kleopatra verlangt Mitsprache. Sie wird sich darum nicht herbeizitieren lassen. Marcus Antonius schickt schließlich einen Vertrauten an den Hof nach Alexandria, der Kleopatra persönlich einlädt. Schon bald darauf segelt sie nach Tarsos – wo sie ihren Reichtum und ihre Reize so verschwenderisch zur Schau stellt.

DAS GÖTTLICHE ENTRÉE im Sommer 41 v. Chr. ist sogar nur der Auftakt. Auch an den Folgetagen empfängt Kleopatra Marcus Antonius zu immer aufwendigeren Banketten. Weiterhin, so scheint es, bestimmt sie das Protokoll. Als der Römer sie am vierten Abend aufsucht, muss er durch ein fast knietiefes Blütenmeer waten. Ziemlich sicher ist: Die beiden kommen sich bei den Treffen auch körperlich näher. Aber ebenso politisch – und beides scheint einander zu bedingen. Ohnehin sind Sex und Ehen in der antiken Oberschicht kaum Privatsache, sondern Mittel von Politik. Persönliche Beziehungen festigen strategische Verbindungen, besiegeln Versöhnungen zwischen Familien, manchmal Dynastien.

So sind auch die zweisamen Tage von Tarsos zugleich kühl kalkuliert. Neben allem Prunk und Protz fassen die beiden Mächtigen dort nämlich schon konkrete Pläne. Kleopatra sichert Marcus Antonius Geld und Truppen für seinen Feldzug zu. Dafür verspricht er ihr, ohne zu zögern, Feinde und Rivalen auszuschalten; sie hinterlässt Marcus Antonius dafür eine ganze Liste. Eines der ersten Opfer wird ausgerechnet Kleopatras Schwester Arsinoe sein, die sich immer wieder als Gegenkönigin inszeniert hat. Marcus Antonius lässt sie in ihrem Exil in Ephesos an der Westküste Kleinasiens hinrichten.

Nach einigen Wochen reisen die beiden frisch Verbündeten aus Tarsos ab: Kleopatra fährt zurück nach Ägypten, Marcus Antonius Richtung Syrien, um sich ein eigenes Bild von der dortigen Lage zu machen und dafür zu sorgen, dass möglichst romtreue Männer auf wichtigen Posten sitzen. Auch in syrischen Städten, die teils mit den Parthern kooperiert hatten, versucht er Verbündete einzusetzen.

Für einen großen Angriff auf den Feind aber ist es noch viel zu früh: Er braucht dazu deutlich mehr Männer, und auch eine große Flotte. Zudem naht der Winter. Ende 41 v. Chr. macht sich Marcus Antonius auf in Kleopatras Heimat. Er wird die Pharaonin ein weiteres Mal treffen.

Geht es um Arbeit, um Politik, Militärisches, die Symbolik der Macht? Oder um Liebe? Schwer zu sagen, wie man die nun folgende Zeit in Alexandria deuten soll. Wahrscheinlich ist: Es geht um alles ein bisschen.

Anberaumt hat der Römer das so baldige Wiedersehen, unter anderem, um Ägypten als Truppenbasis zu inspizieren. Von hier aus kann er zudem aus sicherer Entfernung die nächsten Schritte der Parther analysieren. Zugleich bietet Alexandria ihm und seinem Gefolge ein bequemes, sonnenwarmes Winterquartier.

Dann aber sind da auch die fast skurrilen Vorkommnisse und Anekdoten, von denen Plutarch berichtet – mal mehr, mal weniger glaubhaft. Etwa der gemeinsame Angelausflug von Kleopatra und Marcus Antonius. Bei der in Ägypten hoch angesehenen Beschäftigung gelingt dem Römer kaum ein nennenswerter Fang. Deshalb instruiert er seine Diener, heimlich unter Wasser Fische an seiner Angel zu befestigen. Doch Kleopatra kommt ihm auf die Schliche. Als sie tags darauf wieder ins Boot steigen, lässt sie einen ihrer Bediensteten einen Räucherfisch auf den Angelhaken von Marcus Antonius spießen, der die falsche Beute unter großem allgemeinen Gelächter nach oben zieht.

Oder jene Wette, bei der Kleopatra behauptet, eine Mahlzeit im Wert von zehn Millionen Sesterzen verspeisen zu können (ein Römer oder eine Römerin braucht damals keine zwei dieser Münzen am Tag, um sich mit Essen zu versorgen). Als Marcus Antonius dagegenhält, löst Kleopatra – so die in diesem Fall eher legendenhafte Überlieferung – ihre schönste und teuerste Perle in Essig auf und

KLEOPATRA SPEKULIERT AUF EINE HOCHZEIT

NACH ZÄHEM RINGEN stellen sich erste militärische Erfolge im Osten ein. So kann Marcus Antonius 34 v. Chr. den mit den Parthern paktierenden König von Armenien gefangen nehmen und stolz seiner Geliebten vorführen.

trinkt das Gebräu in einem Zug. Die beiden würfeln, zechen zusammen, ziehen angeblich nachts – in einfacher Kleidung – durch die engen Gassen von Alexandria und mischen sich unters Volk.

Es ist das Bild einer ausgelassenen Zweisamkeit. Das zugleich eine starke Botschaft vermitteln soll: Die beiden sind ebenbürtig. Kleopatra empfängt Marcus Antonius daneben auch in Alexandria wieder mit Glanz und Glorie. Sie genießt es, Seite an Seite mit einem der mächtigsten Menschen der Welt öffentlich aufzutreten – bekräftigt es doch ihre eigene Bedeutung. Marcus Antonius wiederum verzichtet, anders als Caesar einige Jahre zuvor, während des Besuchs vollkommen auf Rüstung und Rangabzeichen. Er will die Ägypter nicht von oben herab behandeln, sie nicht einschüchtern, weil er auf ihre Unterstützung angewiesen ist. So stellt er sich mit ihnen gut; allen voran mit ihrer Pharaonin.

Fast fünf Monate bleibt Marcus Antonius in Alexandria, eine Zeit, in der deutlich wird, dass die beiden einander brauchen – als Machthaber und als Liebhaber. Vieles spricht dafür, dass sie neben der politischen und der leidenschaftlichen spätestens jetzt auch eine tiefe menschliche Beziehung verbindet. Kleopatra weicht kaum von seiner Seite. Womöglich denkt sie auch an Heirat (wobei Marcus Antonius bereits eine Ehe führt). Als Gattin des mächtigen Römers könnte sie, so vielleicht ihre Überlegung, ihre Interessen direkt in Rom durchsetzen. Denn eines ist auch klar: Beide werden ihre Empfindungen und Eskapaden im Zweifel stets ihrer Machtpolitik, ihren Staatsaufgaben unterordnen.

I<small>M FRÜHJAHR 40 V. CHR. BEMERKT KLEOPATRA</small>, dass sie schwanger ist, von Zwillingen. Eine Folge der gemeinsamen Zeit in Alexandria. Ihr erster Sohn aus der Beziehung mit Caesar ist da sechs Jahre alt. Kinder sind für Kleopatra vor allem wichtig als Thronfolger für ihre Dynastie. Ihren Zwillingen, die im Herbst des Jahres zur Welt kommen, gibt sie verheißungsvolle Namen: Ihre Tochter Kleopatra stellt sie in die lange Linie von mächtigen Frauen im Ptolemäerreich. Und deren Bruder Alexander heißt wie der legendäre makedonische Eroberer, der die ptolemäische Herrschaft in Ägypten überhaupt erst möglich machte. Ein neuer Alexander soll Kleopatras Untertanen von alter Macht träumen lassen. Zugleich stärken die Zwillinge die Bindung der Pharaonin an Rom – an Marcus Antonius.

Der aber hat schon lange vor der Geburt Alexandria verlassen. Vom Tiber haben ihn alarmierende Nachrichten von seiner Ehefrau Fulvia erreicht. Die weiß, wo und mit wem ihr Gatte den Winter verbracht hat. Erschüttern tut sie das allerdings nicht. Seine Affären sind weithin bekannt, außereheliche Beziehungen im antiken Rom für Männer generell nicht unüblich und auch wenig anstößig. Dazu ist Fulvia eine machthungrige Frau. Während der vielen Abwesenheiten von Marcus Antonius konnte sie in Rom als seine einflussreiche Stellvertreterin auftreten. Doch nun wird die zunehmende Rivalität mit Octavian für sie zum Problem.

Der zweite mächtige Triumvir will Bürger enteignen und deren Land Kriegsveteranen zuweisen, die schon lange auf Entlohnung warten. Um seine

Pläne zu durchkreuzen und die ungeduldigen Soldaten so gegen ihn aufzubringen, haben Fulvia und ihre Unterstützer einen Aufstand gegen Octavian gewagt. Ehe der herbeieilende Marcus Antonius helfen kann, scheitert die Rebellion jedoch. Fulvia muss fliehen – ihrem Mann entgegen. In Athen treffen sie sich; doch dort erkrankt Fulvia und stirbt kurz darauf.

Vermutlich ist Kleopatra über all das bestens informiert; sie hat Spione im Gefolge von Marcus Antonius. Die eigentlich tragischen Neuigkeiten müssen sie elektrisieren. Denn plötzlich ist ihr Partner frei, eine Hochzeit wäre möglich – und Kleopatras Vision von mehr Einfluss damit womöglich viel schneller erreicht als erhofft.

Doch nur wenig später wird ihr auch das zugetragen: Kaum verwitwet, hat Marcus Antonius sich Ende 40 v. Chr. in Rom bereits wieder vermählt. Und seine neue Frau ist, ausgerechnet, Octavia, die Schwester von Octavian. Um die Krise in der Heimat zu beruhigen und sich Octavians Unterstützung für seine Pläne gegen die Parther zu sichern, hat er sich mit diesem arrangieren müssen. Die Heirat mit der Schwester besiegelt das Abkommen. Es ist eine Pflichtbeziehung. Aber die neue Frau gilt als schön und schlau – und gebiert Marcus Antonius schon in den kommenden Jahren zwei Töchter.

Wenig ist bekannt darüber, wie Kleopatra auf diese Nachrichten reagiert. Ist sie zornig? Eifersüchtig? Einsichtig? Denn: Hätte sie nicht genauso gehandelt, stünde ihre eigene politische Existenz auf dem Spiel? Andere mögen solche Rückschläge lähmen, Kleopatra aber wartet auf ihre Chance.

Und hilft offenbar selbst ein bisschen nach.

EIN ÄGYPTISCHER WAHRSAGER, so berichtet es Plutarch, steht Marcus Antonius in Rom beratend zur Seite. Der analysiert: Der Römer blicke auf eine große Zukunft, am Tiber aber werde sein „Genius" von Octavian verschattet. Der Seher rät ihm darum, „so viel Distanz wie möglich zwischen sich und dem jungen Mann zu schaffen". Eine Aufforderung, wieder in die Ferne zu gehen.

Gut möglich, dass Kleopatra den Wahrsager vermittelt hat; ebenfalls plausibel, dass sie dessen Einflüsterungen veranlasst. Denn Kleopatra kann es nicht recht sein, wenn ihr Partner in Rom bleibt, wo alles auf ein Duell zwischen ihm und Octavian hinauszulaufen scheint. Besser wäre es, er würde in den Osten zurückkehren, um sich durch militärische Erfolge von Octavian abzusetzen. Um seine Position zu stärken – und damit auch Kleopatras.

Dabei braucht es eigentlich gar keine Tricks, Marcus Antonius zum Aufbruch zu bewegen. Denn im Osten wartet auf ihn nach wie vor das Vorhaben, mit dem er Caesars Vermächtnis erfüllen will: der große Feldzug gegen das Partherreich. Zwar ist es einem von Marcus Antonius eingesetzten Befehlshaber bis Anfang 38 v. Chr. gelungen, die parthischen Vorstöße der Vorjahre zurückzuschlagen, die Lage in Syrien und Kleinasien zu stabilisieren. Doch nun, im Jahr 37 v. Chr., sieht Marcus Antonius die Zeit für den großen Angriffskrieg gegen den Feind gekommen. Er verlässt Italien und begibt sich nach Antiochia in Syrien. Seine Frau Octavia schickt er auf halbem Wege zurück nach Italien. Es ist das letzte Mal, dass die beiden sich sehen.

ANGEKOMMEN IN Antiochia, stürzt sich Antonius in die Arbeit. Sein Ziel: die Neuorganisation der östlichen Reichshälfte, immer mit Blick auf den bevorstehenden Kriegszug. Und einer Person, das ist ihm klar, kommt dabei herausragende Bedeutung zu: Kleopatra. Marcus Antonius lässt ihr eine Einladung nach Antiochia zukommen. Und anders als vier Jahre zuvor in Tarsos braucht es diesmal keine Überredung. Kleopatra ahnt, dass sie bei diesem Treffen ihrem Partner und insbesondere ihrer politischen Vision näherkommen wird.

Schon wenige Monate zuvor hat er ihr – noch aus der Ferne – einen Teil der strategisch wichtigen Region Kilikien übertragen. Bei der Begegnung in Antiochia unterstellt er ihr nun weitere große, zuvor römische Landstriche: Zypern, Teile des heutigen Libanons und Kretas. Sowie eine Reihe von Hafenstädten entlang der Levanteküste – allesamt Hochburgen des Flottenbaus, in denen es viele Zimmerleute und Werften gibt und zugleich das von ihnen benötigte Material, Holz, Teer, Pech.

Anhänger Octavians werden Marcus Antonius später unterstellen, er habe damit das Imperium verschleudert, ihm liebestollen Wahn attestieren, in dem er Kleopatra mit leichtsinnigen und gefährlichen Geschenken überhäufte. Tatsächlich jedoch ist es ein wohlüberlegtes Geschäft, das die Absprachen der beiden, das Bündnis nun sehr viel konkreter werden lässt: Herrschaft gegen Schiffe. Mit der

IN EINDEUTIGER ABSICHT, so könnte man meinen, berührt Marcus Antonius Kleopatra – der Sex der beiden ist, wie üblich in der antiken Oberschicht, keine reine Privatsache. Er festigt ihre politische Verbindung und birgt das Potenzial, eine Dynastie zu begründen: 40 v. Chr. gebiert die Pharaonin Zwillinge

AUCH WENN er die Parther nicht endgültig besiegen kann, gelingt es Marcus Antonius mit Kleopatras Hilfe doch, sie zurückzudrängen. Ihren Sieg feiern der Feldherr und die Königin, die schon zuvor für ihre Dienste gewaltige römische Gebiete geschenkt bekommen hat, 34 v. Chr. in vollem Pomp in Alexandria

41 v. Chr. | Machtentfaltung

Übertragung erteilt der Römer Kleopatra nämlich zugleich den Auftrag, unter Hochdruck eine Flotte für ihn zu bauen. Denn auch wenn er den Krieg gegen die Parther zu Lande führen wird – ohne eine Streitmacht zur See, dessen ist sich Marcus Antonius bewusst, kann er seine Stellung in der Region auf Dauer nicht halten. Auch einigen anderen verbündeten Fürsten, deren Länder ans Partherreich grenzen, schlägt er in Antiochia Gebiete und Macht zu, damit sie ihn bei der Kampfvorbereitung unterstützen. Marcus Antonius handelt in römischer Tradition. Treue Klientelkönige werden seit jeher belohnt.

Und dennoch: Kleopatra ist die größte Profiteurin dieses gewaltigen Rüstungsabkommens, das weite Teile des Ostens neu ordnet. Mag sie die Territorien auch unter bestimmten Bedingungen erhalten – der Zuwachs ist ein gewaltiger Triumph für die ägyptische Königin. Fast auf einen Schlag erlangt sie, worum Generationen ihrer Vorfahren vergebens gekämpft haben. Ihr Herrschaftsbereich erstreckt sich nun nahezu um den gesamten Ostteil des Mittelmeers, fast so weit wie die Herrschaft der Ptolemäer in ihrer bislang größten Ausdehnung unter Ptolemaios III. – zwei Jahrhunderte zuvor.

KLEOPATRA, SO HAT ES DEN ANSCHEIN, ist dabei, das alte Großreich ihrer Ahnen wiederauferstehen zu lassen – dank der Allianz mit Marcus Antonius. Der erkennt in Antiochia zudem seine mittlerweile dreijährigen Zwillinge, die er jetzt zum ersten Mal sieht, offiziell als seine Kinder an. Sie erhalten die Beinamen Helios, „Sonne", und Selene, „Mond" – zugleich die Namen der entsprechenden griechischen Gottheiten. Die Menschen im Osten sollen dies wohl als Versprechen einer anstehenden strahlenden Ära verstehen.

Für Kleopatra bricht mit den Geschehnissen von Antiochia wahrhaftig ein neues Zeitalter an. Ihren Herrschaftsjahren stellt sie fortan mitunter die Zahl jener Jahre an die Seite, die sie nun über die neuen Territorien gebietet. In offiziellen Dokumenten wird das 16. Regierungsjahr demnach auch als Jahr eins gezählt: „... sodass das 22. Jahr der Kleopatra gleich dem siebten war", heißt es etwa in einem späteren Geschichtswerk. Dazu gibt sie in den neu hinzugewonnenen Gebieten Münzen in Umlauf, die sie als Herrscherin zeigen – und so den Untertanen die neuen Machtverhältnisse vor Augen führen.

Während Kleopatra mit dem Flottenbau beginnt, gelingt es dem Römer bereits, ein gewaltiges Heer zu rekrutieren. Auf dem Territorium des verbündeten Armeniens, eines nördlich des parthischen Machtbereichs gelegenen, hellenistisch geprägten Königreichs (das weitaus größere Gebiete umfasst als der heutige Staat Armenien), treffen die Kontingente im Sommer 36 v. Chr. zusammen und vereinen sich zu einem schier endlosen Zug aus rund 100 000 Kämpfern und zahllosen Fuhrwerken. Mit dem Umweg über Armenien will Marcus Antonius den Gegner überraschen, der stattdessen mit einem direkten Angriff aus westlicher Richtung rechnet.

Kleopatra begleitet ihren Partner auf dem ersten Teil des Feldzugs – obwohl sich unter ihrem Gewand erneut der Leib wölbt. Doch die Politik ist wichtiger:

Die Schwangere, die die Sprache der Parther beherrscht, organisiert den Vorstoß mit. Besucht während der Expedition aber zugleich auch einige Regenten der ihr unterstellten Länder, regelt dort Konflikte und klärt zu leistende Abgaben. Für die Geburt eines weiteren Sohnes ist sie wieder in Alexandria.

Dort muss sie feststellen, dass die Kampagne ihres Kindsvaters unterdessen ins Desaster steuert. Boten berichten, wie nach unentschiedenen Gefechten gegen das herbeigeeilte Heer der Parther – deren König die römische Kriegslist gerade noch durchschaut hatte – fast 30 000 seiner Soldaten auf dem Rückzug zum Mittelmeer an Kälte und Krankheiten gestorben sind. Marcus Antonius selbst eilt in einen Ort an der syrischen Küste voraus. Dorthin schafft Kleopatra, abermals persönlich, Hilfslieferungen.

Und nicht nur sie: Auch Octavia, die römische Frau von Marcus Antonius, rüstet eine Expedition aus, mit Kleidung, Zugtieren, Geschenken für die Offiziere – sowie 2000 schwer bewaffneten Soldaten für einen erneuten Vorstoß ihres Gatten. Zu einem Zusammentreffen beider Frauen kommt es jedoch nicht. Marcus Antonius bittet Octavia in einem Brief, ihm nicht ins Kriegsgebiet zu folgen.

Römische Geschichtsschreiber werden darin eine rüde Zurückweisung der Ehefrau lesen – und ein eindeutiges Bekenntnis seiner Liebe zu Kleopatra. In Wahrheit zeugt das Verhalten wohl vielmehr vom Vertrauen in seine Gattin, die in der Heimat seine Interessen wahren soll.

UND KLEOPATRA? ERHÄLT VON Marcus Antonius in jenen Monaten gerade keine Liebesbeweise, sondern Grenzen gesetzt – glaubt man den Schilderungen des antiken Historikers Flavius Josephus. Demnach hat sich die Pharaonin nebenbei in komplizierte Familienstreitigkeiten des Königs von Judäa eingemischt: Herodes – berühmt aus der biblischen Erzählung, in der er als herz- und skrupelloser Herrscher auftaucht, der dem neugeborenen Jesus nach dem Leben trachtet.

Josephus berichtet, dass Kleopatra den König, dessen Reich sie gern dem ihren einverleiben würde, des Mordes an einem Familienmitglied anklagt und Marcus Antonius drängt, dies zu rächen. Da Herodes ein Klientelfürst Roms ist, hätte der Feldherr sicher die Möglichkeit dazu. Der Römer aber schlägt aus. Zu wichtig sind ihm stabile Verhältnisse in der Nähe des Partherreiches, das an Judäa grenzt.

Kleopatra hält still, zumal ihr Marcus Antonius kurz darauf endlich doch Erfolgsmeldungen verkünden kann. Durch kluge Schachzüge auf dem Schlachtfeld und am Verhandlungstisch ist es ihm gelungen, die Parther in die Enge zu drängen. Er hat den armenischen König gefangen genommen, ganz Armenien erobert und den Herrscher eines östlich benachbarten Reiches namens Media Atropatene durch einen Heiratspakt an sich gebunden. Alexander Helios, der gemeinsame Zwillingssohn mit Kleopatra, soll dessen Tochter heiraten. Welch ein Erfolg für Kleopatra und Marcus Antonius – und zugleich für das römische Imperium: Der lang ersehnte Sieg über das Partherreich, so scheint es, ist nun nicht mehr fern!

In Rom aber sorgt Octavian dafür, dass die Nachrichten, die sein Mit-Triumvir aus Armenien absetzt, nicht öffentlich verkündet werden. Ein siegreicher Marcus Antonius, der bei einem Triumphzug in der Kapitale einen armenischen König als Gefangenen präsentieren kann: Das würde seine eigenen politischen Aussichten massiv gefährden, das gilt es zu verhindern.

DIE PHARAONIN jedoch, für die Octavian im Übrigen vor allem Verachtung aufbringt, stellt kurz darauf abermals ihren Größen- und Geltungsdrang, ihre ausgeprägte Begabung für Symbolik unter Beweis – und inszeniert ein eigenes Spektakel. Da ihm Rom Ehrerbietung versagt, richtet Kleopatra im Herbst 34 v. Chr. die Feierlichkeiten für Marcus Antonius aus. Wohl auch, um ihm zu schmeicheln. Aber wohl mehr noch, um Ägyptens neue, alte Führungsrolle im Osten zu bekräftigen.

Bombastisch ist die Siegesprozession nach den Regeln der griechisch-makedonischen Ahnen Kleopatras, deren Reich so glorios wieder auferstanden ist. In einem Triumphwagen rollt Marcus Antonius – das Haupt geschmückt mit Efeu und einer goldenen Krone – durch die Straßen Alexandrias, durch Spaliere von Klatschenden. Die Pharaonin lässt ihren Partner feiern, als Herr über Asien.

Der wiederum übergibt ihr sinnbildlich seine Beute: die armenische Königsfamilie, in Goldketten gelegt. Wenige Tage später verleiht er ihr noch einmal offiziell die in

Antiochia überstellten Gebiete – bei einer Veranstaltung, die ihrer ersten Zusammenkunft in Tarsos in nichts nachsteht, sie vielleicht sogar noch übertrifft.

Von einem goldenen Thron blicken beide auf die Untertanen herab, als ägyptisch-römisches Traumpaar. Marcus Antonius in Goldrüstung und Purpurtoga, neben ihm Kleopatra – wieder, wie schon sieben Jahre zuvor, mehr Gottheit als Herrscherin. Sie trägt die Insignien der bei den Ägyptern und ebenso bei den Griechen im Ptolemäerreich überaus beliebten Göttin Isis: die Krone mit Kuhhörnern und Sonnenscheibe. Zu ihren Füßen, auf kleineren Thronsesseln, hocken die Kinder, ein jedes in der Tracht der überstellten Länder.

Kleopatra soll fortan den Titel „Königin der Könige" tragen, so bestimmt es Marcus Antonius an diesem Abend. Ein Superlativ, eine Ehre für die Ptolemäerin – und eine Provokation für die Parther. Persische Herrscher beanspruchen diese Bezeichnung seit Ewigkeiten für sich. Dabei sind die Parther faktisch noch nicht einmal geschlagen. Kleopatra und Marcus Antonius haben nämlich in Alexandria strategisch wenig Neues zu vermelden: keine Siege, keine weiteren Gebietsgewinne. Die übertragenen Territorien unterstehen ja schon länger der Pharaonin. Zwar will Marcus Antonius den finalen Schlag gegen die Parther bald führen, das sich zuspitzende innerrömische Duell mit Octavian wird ihn allerdings davon abhalten. Doch für Kleopatra sind das jetzt nurmehr Schönheitsfehler.

Die Pharaonin hat es geschafft, hat an der Seite von Marcus Antonius den von ihr ersehnten Gipfel erreicht. Gemeinsam mit ihren Kindern herrscht sie – jetzt und in Zukunft – über ein Gebiet größer als das Ptolemäerreich vieler Generationen zuvor. Das ist der wahre Triumph, so sollen alle diese Feier verstehen, in Ägypten und darüber hinaus. Die Wette von Tarsos ist aufgegangen.

Römische Denare, die von Marcus Antonius herbeigekarrte Prägemaschinen ausspeien, verkünden es bald im ganzen römischen Osten. Auf der Vorderseite ist er selbst zu sehen, auf der Rückseite Kleopatra mit königlichem Diadem abgebildet: als erste ausländische Regentin auf einer römischen Münze überhaupt.

2000 Kilometer entfernt, in der Kapitale des Imperiums, stößt das ganze Brimborium dagegen auf Ablehnung, bald blanken Hass. Octavian will, er muss den scheinbar unaufhaltsamen Aufstieg beider stoppen. Vor allem gegen Kleopatra, die sich – glaubt man seiner Propaganda – am Imperium bedient, die sich so hochfahrend und übertrieben feiert, richten sich nun zunehmend die verbalen Attacken.

Zumal dann auch noch das Unfassbare geschieht. Zwei Jahre nach der Siegesfeier löst Marcus Antonius den Bund mit Octavia auf und, so flirrt es nach Rom, heiratet Kleopatra. Ob tatsächlich eine rechtsgültige Vermählung stattfindet, vielleicht auch eine kultische Götterhochzeit, ist heute unklar. Allein, die antiken Autoren treffen ein klares Urteil: Aus Angst, Marcus Antonius noch einmal zu verlieren, habe Kleopatra sich leidend und krank gestellt. „Da sie sehr genau den Vorzug, seine Ehefrau zu heißen", kannte, habe sie ihn zur Heirat erpresst, schreibt Plutarch.

Kleopatra steht an der Spitze – und im Visier ihrer Widersacher. Und so werden diese Momente des Triumphs, wird der Höhepunkt ihres Lebens zugleich auch ein Wendepunkt sein. Richtung Verdammnis. ◊

LITERATURTIPPS

HELMUT HALFMANN
»Marcus Antonius«
Akkurate, dabei gut lesbare Biografie, die mit vielen Legenden aufräumt (WBG).

SIMON BENNE
»Marcus Antonius und Kleopatra VII.«
Wissenschaftliche Analyse des Zweierverhältnisses (Edition Ruprecht).

Lesen Sie auch »Sasaniden: Krieg gegen Rom« (aus GEOEPOCHE Nr. 99) über die Nachfolger der Parther auf www.geo-epoche.de

IN KÜRZE

Nach Caesars Tod findet Kleopatra in Marcus Antonius einen neuen römischen Verbündeten und spielt in der Allianz mit dem Feldherrn all ihr diplomatisches Geschick aus. So kann sie ihr Herrschaftsgebiet beträchtlich vergrößern, ist 34 v. Chr. so mächtig wie nie zuvor. Doch durch ihren Aufstieg schafft die Pharaonin sich einen gefährlichen Gegner: Octavian, der Adoptivsohn Caesars, der in der Kapitale des Imperiums herrscht.

Sichern Sie sich traumhafte Kalender-Abos von GEO.

GEO Panorama-Kalender „Blick ins Weite"

Mehr Meer geht nicht in einem Jahr: Dieser Kalender feiert jeden Monat die Schönheit der Ozeane, ihr Branden und Brausen – und zwar im Panorama-Format. Von Rügen über Capri bis Französisch-Polynesien. Die richtige Wahl für alle, die am liebsten blau machen.

Maße: 120 x 50 cm Best.-Nr.: G729436 Preise: € 119,00 (D/A/CH), im Kalender-Abo 101,15€

GEO Panorama-Kalender „Die Schönsten Gärten"

So hinreißend und vielfältig kann Gartenkunst sein! Dieser Kalender präsentiert zwölf der schönsten Gärten der Welt: Kakteen auf Lanzarote, die wie Skulpturen gedeihen. Ein Blütenmeer aus Rot und Blau und Gelb im schwedischen Lund. Und ein ländliches Blumenidyll mit Blick bis zum Horizont in Portugal. Ein Kalender, mit dem man drinnen draußen ist.

Maße: 120 x 50 cm Best.-Nr.: G729446 Preise: € 119,00 (D/A/CH), im Kalender-Abo 101,15€

GEO Panorama-Kalender „Orte der Stille"

Nur das Meer rauscht am einsamen Maledivenstrand. Leise wispert der Wind um die Felsen in der Sächsischen Schweiz. Und Nachtruhe begleitet die magischen Polarlichter auf Island. Ein Kalender, der Monat um Monat einlädt: zum Innehalten, Entspannen – und Staunen.

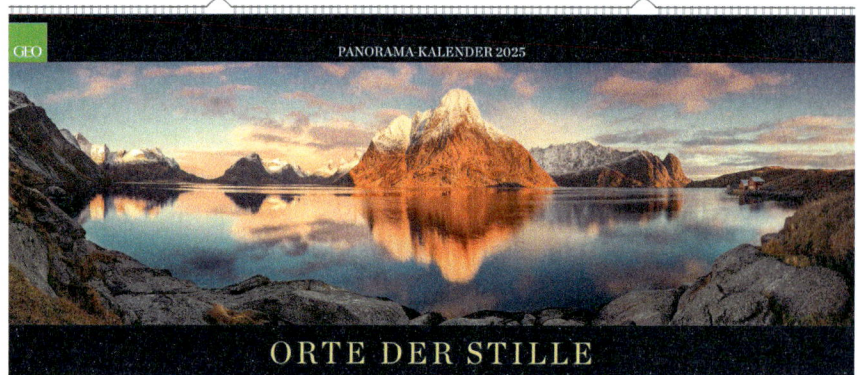

Maße: 120 x 50 cm Best.-Nr.: G729445 Preise: € 119,00 (D/A/CH), im Kalender-Abo 101,15€

Jetzt bestellen unter geoshop.de/kalender oder +49 40 42236427

(Bitte geben Sie immer den Aktionscode an: G00215)

GEO Shop

GEO Kalender „Traumpfade"

Auf dem Weg ins Paradies: Dieser Kalender lässt auf Traumpfaden in aller Welt wandeln. Verwunschene Wege in Schottland und im Iran, in Australien, Portugal oder in der chilenischen Atacama-Wüste.

Maße: 60 x 55 cm
Best.-Nr.: G729440
Preise: € 59,00 (D/A/CH)
im Kalender-Abo 50,15€

GEO Kalender „Deutschland"

Unser Land hat so viel zu bieten! Und dieser Kalender gibt vielfältige Inspirationen für Nahreisen: ob zum mysteriösen Gespensterwald in Mecklenburg-Vorpommern, zum kristallinen Winterzauber am bayerischen Königssee oder in die nebelumwehte Lüneburger Heide.

Maße: 50 x 45 cm
Best.-Nr.: G729447
Preise: € 35,00 (D/A/CH)
im Kalender-Abo 50,15€

GEO-Abonnent:innen erhalten 10%* auf jeden Kalender oder nutzen ebenfalls das Kalender-Abo-Angebot.

Im Abo bestellen und sparen!

Bestellen Sie diese Kalender direkt für zwei Jahre und erhalten Sie dabei **15% Rabatt** gegenüber dem Einzelkauf. Ab dem dritten Jahr erhalten Sie Ihren Lieblingskalender dann sogar mit **20% Rabatt**. Die Lieferung erfolgt in jedem Jahr automatisch nach Hause. Weitere Informationen zum **Kalender-Abo** finden Sie im Shop unter geoshop.de/kalender

Coupon einfach ausfüllen, ausschneiden und senden an: GEO Kundenservice, 74569 Blaufelden

GEO-Bestellcoupon – versandkostenfreie Lieferung ab 80,– €!*

Ich bestelle folgende Artikel:

Produktbezeichnung	Best.-Nr.	Preis €/CHF	Menge
Panorama „Der Blick ins Weite"***			
☐ Ohne Rabatt	G729436	119,00	☐
☐ GEO Abonnent:innen* (nur bis 30.11.24)	G729436	107,00	☐
☐ Im Kalender-Abo	G729450	101,15	☐
Panorama „Die schönsten Gärten"***			
☐ Ohne Rabatt	G729446	119,00	☐
☐ GEO Abonnent:innen* (nur bis 30.11.24)	G729446	107,00	☐
☐ Im Kalender-Abo	G729453	101,15	☐
Panorama „Orte der Stille"***			
☐ Ohne Rabatt	G729445	119,00	☐
☐ GEO Abonnent:innen* (nur bis 30.11.24)	G729445	107,00	☐
☐ Im Kalender-Abo	G729452	101,15	☐
„Traumpfade"			
☐ Ohne Rabatt	G729440	59,00	☐
☐ GEO Abonnent:innen* (nur bis 30.11.24)	G729440	53,00	☐
☐ Im Kalender-Abo	G729455	50,15	☐
„Deutschland"			
☐ Ohne Rabatt	G729447	35,00	☐
☐ GEO Abonnent:innen* (nur bis 30.11.24)	G729447	31,00	☐
☐ Im Kalender-Abo	G729454	29,75	☐
Gesamtsumme: (zzgl. 3,90 €Versandkosten, versandkostenfreie Lieferung ab einem Bestellwert von 80,00 €*)			

Meine persönlichen Angaben: (bitte unbedingt ausfüllen)

Abonnentennummer

Name I Vorname Geburtsdatum

Straße I Nummer PLZ I Wohnort

Telefon E-Mail

Unsere Kunden informieren wir gemäß § 7 Abs. 3 UWG per E-Mail über eigene ähnliche Angebote aus unserem Verlag. Dem können Sie über den Abmeldelink am Ende jeder E-Mail oder Hinweis an abo-service@rtl.de widersprechen.

☐ Ich zahle per Rechnung   ☐ Ich zahle bequem per Bankeinzug (nur in Deutschland möglich)

BIC IBAN

Bankinstitut

SEPA-Lastschriftmandat: Ich ermächtige die Gruner+Jahr Deutschland GmbH, Am Baumwall 11, 20459 Hamburg, Gläubiger-Identifikationsnummer DE31ZZZ00000031421, wiederkehrende Zahlungen von meinem Konto mittels Lastschrift einzuziehen. Zugleich weise ich mein Kreditinstitut an, die von der Gruner+Jahr Deutschland GmbH auf mein Konto gezogenen Lastschriften einzulösen. Die Mandatsreferenz wird mir separat mitgeteilt. Hinweis: Ich kann innerhalb von 8 Wochen, beginnend mit dem Belastungsdatum, die Erstattung des belasteten Betrages verlangen. Es gelten dabei die mit meinem Kreditinstitut vereinbarten Bedingungen.

Widerrufsrecht: Sie können die Bestellung binnen 14 Tagen ohne Angabe von Gründen formlos widerrufen. Die Frist beginnt an dem Tag, an dem Sie die Lieferung erhalten, nicht jedoch vor Erhalt einer Widerrufsbelehrung gemäß den Anforderungen von Art. 246a § 1 Abs. 2 Nr. 1 EGBGB. Zur Wahrung der Frist genügt bereits das rechtzeitige Absenden ihres eindeutig erklärten Entschlusses, die Bestellung zu widerrufen. Sie können hierzu das Widerrufs-Muster aus Anlage 2 zu Art. 246a EGBGB nutzen. Der Widerruf ist zu richten an: GEO Versandservice, 74569 Blaufelden; Telefon:+49(0)40–42236427; Telefax: +49(0)40–42236663; E-Mail: guj@sigloch.de

** Wegen der Größe der GEO Panorama-Kalender erheben wir bei einem Versand nach Österreich und in die Schweiz einen Sperrgutzuschlag von € 25 (A/CH). Weitere Preise für Auslandsversand auf Anfrage.
Achtung: Wandkalender können wegen ihrer Größe nicht an DHL-Packstationen geliefert werden.

Datum I Unterschrift

AKTIONSNUMMER: G00215

um 35 v. Chr.
Alexandria

STADT

Gegründet von Alexander dem Großen im 4. Jahrhundert v. Chr., steigt Alexandria unter den Ptolemäern zu einer der einflussreichsten Metropolen der antiken Welt auf. Die ägyptische Hauptstadt an der Nahtstelle zwischen Afrika und Vorderasien vereint zu Kleopatras Zeit Reichtum und Wissen, prächtige Architektur und Weltoffenheit – und doch droht auf den Straßen jederzeit der Aufruhr

WEITHIN SICHTBAR strahlt das Gleißen des Leuchtturms von Pharos über Alexandria. Alexander der Große hatte 331 v. Chr. die strategisch günstige Lage der Küstengegend am Rand des Nildeltas erkannt und befohlen, hier eine prachtvolle Stadt zu errichten. Die Ansichten Alexandrias auf diesen Seiten entstammen dem Computerspiel »Assassin's Creed Origins«, für das die ptolemäische Kapitale detailreich rekonstruiert wurde (wie jeder Versuch, die antike Metropole darzustellen, von der nur wenige archäologische Zeugnisse erhalten sind, basieren auch diese Bilder vielfach auf Vermutungen)

TEXT: *Oliver Fischer*

Ein Licht scheint hoch über den Dächern von Alexandria, bei Tag und bei Nacht. Es durchdringt selbst schwärzeste Dunkelheit. Noch weit draußen auf dem Meer, über 50 Kilometer von der Küste entfernt, ist dieses Licht zu sehen. Wie ein künstlicher Stern steht es am Firmament. Und weist Seeleuten den Weg zu einer der wohlhabendsten und mannigfaltigsten Metropolen der antiken Welt – in die Stadt der Königin Kleopatra.

Wer sich diesem staunenswerten Ort mit seinen vielleicht 500 000 Einwohnern mit dem Schiff nähert, erkennt bald, woher das Licht stammt: von einem Turm, erbaut aus strahlend weißem Kalkstein, errichtet bei der Insel Pharos, etwa zwei Kilometer vor den Ufern der Stadt. Über 100 Meter Höhe misst er. Unterhalb der Spitze findet sich ein offener, von Säulen umgebener Rundbau. In dessen Innern brennt bei Nacht ein Feuer. Bei Tag reflektieren Spiegel aus poliertem Metall das Sonnenlicht. Es ist – soweit bekannt – der erste Leuchtturm der Welt, ein Meilenstein in der Geschichte der Seefahrt.

Doch das von hohen Wellen umtoste Bauwerk weist nicht nur Kapitänen und ihren Mannschaften den Weg. Auch die Alexandriner können es fast jederzeit erblicken. Nachts sehen es die Zecher und Bordellgänger, wenn sie nach Hause wanken. Am Tage überragt der Turm das Gewimmel der Menschen, die von nah und fern in die blühende Stadt am Westrand des Nildeltas gezogen sind.

Kaum eine Völkerschaft des Mittelmeerraums und Vorderasiens, die hier nicht vertreten ist: Griechen, Juden und Perser, Italiker und Phönizier, Araber und Syrer laufen über die schnurgeraden Pflasterstraßen, die gesäumt sind von Tempeln und Palästen. Königliche Beamte und vornehme Damen mit schattenspendenden Hüten sind unterwegs, aber auch Fischhändler und Handwerker, einfache Arbeiter, Kaufleute und Scharen von Bettlern. Dazu unzählige Katzen, die den Ägyptern als gottähnliche Tiere gelten (sie zu töten, ist ein unverzeihliches Verbrechen, für das ernste Strafen drohen).

Für die Gelehrten, die in einem Gebäudekomplex im königlichen Palastbezirk forschen, ist der Leuchtturm mehr als nur ein Orientierungspunkt – er ist ein Sinnbild für das Licht des Wissens, das sich immer weiter auf Erden ausbreiten soll. Tag für Tag arbeiten die Wissenschaftler hier mit den Büchern einer gewaltigen Bibliothek, in der Hunderttausende Schriftrollen in verschiedensten Sprachen lagern. Alle Bücher aller Völker der Welt sollen hier in Alexandria gesammelt werden, so hat es sich angeblich König Ptolemaios I. einst gewünscht.

Alexandria, das ist in diesen Jahren eine Stadt, in der kühner geforscht und gedacht wird als an so gut wie jedem anderen Ort der Welt. Zugleich ist es einer der größten Warenumschlagplätze der Zeit, dessen Handelsnetz sich bis nach Indien und China spannt. Eine Metropole mit einer fast einzigartigen Vielzahl an Nationen, Religionen und Lebensstilen. Eine Stadt, deren Ursprung auch auf Pharos liegt, der Insel des Lichts, das nie erlischt.

○

WESTLICHES NILDELTA, Frühjahr 331 v. Chr.: Pferdegetrappel und militärische Kommandos schallen über einen hügeligen Küstenstreifen. Der makedonische König Alexander III. – später genannt „der Große" – macht Halt während seines ausgedehnten Aufenthalts in Ägypten, für den er seinen Eroberungszug gegen die Perser unterbrochen hat.

Einige Monate zuvor ist er in Memphis eingezogen, der prächtigen, uralten Residenzstadt. Dort hat er sich zum Pharao ausrufen lassen, zum traditionellen Herrscher über das Reich am Nil. Unterwegs in seinen neu erlangten Gebieten, überquert er nun eine schmale Landbrücke, 50 Kilometer lang und teils nur zwei Kilometer breit, im Norden vom Mittelmeer und im Süden von einem weiten Binnengewässer, dem Mareotis-See, begrenzt.

Wie der antike griechische Schriftsteller Plutarch berichtet, setzt Alexander auf die nahe gelegene Insel Pharos über, schaut von dort auf die Küste zurück und erkennt die äußerst günstige Lage des Landstrichs, der sich gut verteidigen lässt und beste Voraussetzungen besitzt, um einen Hafen einzurichten. Gleichzeitig ist der Ort geografisch ein idealer Platz für den Handel – verbunden sowohl mit der mediterranen Welt als auch mit dem ägyptischen Hinterland.

Auf dem weiten Areal stehen bereits einige kleine Siedlungen. Doch Alexander denkt in weitaus größeren Dimensionen. An dieser Stelle will er eine Stadt erbauen, die alle anderen an Größe und Schönheit übertrifft. Und

die wohl von Beginn an zugleich ein Ort der Vielfalt, der Harmonie und Toleranz sein soll. Denn Religion und Tradition der von ihm unterworfenen Völker lässt der ehrgeizige, oft gnadenlose Feldherr meist weitgehend unangetastet, vor allem aus machtpolitischem Kalkül.

Alexandreia he kat' Aigypton, „die Alexanderstadt bei Ägypten", so wird die neue Siedlung auf Griechisch nach ihrem Gründer heißen – und schon bald zur Hauptstadt des Nillandes werden. Der König selbst konzipiert sie angeblich bereits in groben Zügen: Ein Netz von sich rechtwinklig kreuzenden Straßen soll Alexandria durchziehen. Dabei soll sich deren Ausrichtung an der im Sommer vorherrschenden Windrichtung orientieren, sodass an heißen Tagen vom Meer her frische Luft durch die Stadt wehen kann. Sogar die Länge der Mauern (und damit die Ausdehnung der Stadt) hat Alexander einem späteren römischen Autor zufolge schon festgelegt: 14,4 Kilometer.

Allerdings verlässt der ungeduldige Eroberer Ägypten, noch bevor auch nur ein einziges Gebäude seiner Gründung steht. Alexander wird sie niemals sehen: Er stirbt 323 v. Chr. in Babylon und kehrt erst mehrere Jahre später als einbalsamierter Toter zurück an den Nil.

Nach seinem frühen Tod übernimmt in Ägypten Alexanders enger Wegbegleiter Ptolemaios die Macht. Ihm und seinen Nachkommen fällt nun die Aufgabe zu,

DIE ALEXANDRINER verehren viele Götter. Täglich steigen Pilger zum Serapeion empor, dem auf einem Hügel gelegenen wichtigsten Heiligtum der Stadt, wo sie den Kult des ägyptisch-hellenistischen Gottes Serapis zelebrieren

die von Alexander erträumte Stadt Wirklichkeit werden zu lassen.

Ptolemaios I. und sein gleichnamiger Nachfolger errichten, wie es ebenfalls schon Alexander geplant haben soll, sowohl Tempel für griechische als auch für ägyptische Götter. Sie legen mehrere Häfen an, lassen Straßen sowie Markt- und Versammlungsplätze bauen, überdies ein Theater, eine große Sportstätte und ein Hippodrom für Pferderennen. Hinzu kommen zahllose Wohngebäude, denn immer mehr Menschen lassen sich hier nun nieder: Griechen, die zuvor bereits in Ägypten lebten, vor allem aber viele Einwanderer aus allen Teilen der hellenisch geprägten Welt. Und aus dem gesamten Land strömen mehr und mehr Ägypter in die aufblühende Metropole. Die ägyptischen Siedlungen auf dem Areal gehen im wachsenden Alexandria auf.

Die ptolemäischen Könige selbst siedeln sich bei einer Halbinsel im Norden des Stadtgebiets an und lassen dort gewaltige Paläste errichten. Großprojekte, die sie sich dank des schier unermesslichen Staatsschatzes leisten können, fortlaufend gespeist durch die Erträge der meist florierenden Landwirtschaft am Nil.

Jeder neue Herrscher baut sich eine eigene Residenz, erweitert zumindest die Gebäude der Vorgänger. Und so dehnt sich der königliche Bezirk von Alexandria im Laufe der Jahrhunderte weiter und weiter aus. Im späten 1. Jahr-

um 35 v. Chr. | Alexandria

DURCH ALEXAN
WEHT EINE FRISCHE

ANGEBLICH ENTWIRFT Alexander der Große eigenhändig das rechtwinklige Straßennetz, bestimmt die Lage des Versammlungsplatzes (griech. *agora*) und die Länge der Stadtmauern von Alexandria. Der Hauptboulevard zieht sich, gesäumt von Palästen und öffentlichen Prachtbauten, mehr als fünf Kilometer lang vom West- zum Osttor der Stadt

DRIAS STRASSEN MEERESBRISE

hundert v. Chr. wird angeblich bereits ein ganzes Drittel der Metropole von Palästen und den zahllosen anderen repräsentativen Bauten eingenommen.

Was für ein Genuss, welches Privileg muss es für die Ptolemäer sein, in solchen Luxusbauten zu leben! Die nunmehr regierende Königin Kleopatra VII. und ihre Angehörigen verbringen ihre Tage in Sälen aus blitzend weißem Marmor. Laufen über Fußböden aus Alabaster und über fein gearbeitete Mosaike, die die etwa Krieger, Jäger und Zentauren zeigen. Die Wände mancher Räume sind mit Elfenbein oder Edelsteinen ausgekleidet. Kommen hohe Gäste zu Besuch, richten die Ptolemäer üppige Bankette aus, bei denen die Anwesenden auf Liegebänken köstliche Mahlzeiten verspeisen.

Und wie anmutig sind die Gärten der Paläste, in denen Brunnen sprudeln und das Grün sprießt. Damit Büsche und Bäume in den oft von Säulengängen umschlossenen Höfen der Gebäude gedeihen können, haben Arbeiter Schlamm vom Nil herbeigebracht. Über einen Weg ist das Areal direkt mit einem nur den Königlichen vorbehaltenen Anleger verbunden – die von dort auf eine kleine, wohl der Erholung dienende Insel übersetzen.

Überragt werden die Gebäude, Höfe und Gärten des Palastbezirks von einem Hügel auf der sich gen Norden erstreckenden Halbinsel sowie der Zitadelle, die sich darauf erhebt. In ihr ist die Leibwache der Herrscher stationiert; zugleich befindet sich dort ein Gefängnis.

Vermutlich liegt irgendwo hier im königlichen Bezirk auch der mumifizierte Leichnam des Stadtgründers Alexander. Der Geschichtsschreiber und Geograf Strabon hält bei einem späteren Besuch in Alexandria fest, dass er den Sarkophag des Eroberers bewundern konnte, untergebracht in einer „Sema" genannten Stätte, deren Name wohl abgeleitet ist vom griechischen Wort für „Körper". Wo dieser bedeutungsträchtige Ort genau gelegen haben mag, ist allerdings heute unbekannt.

Von den Residenzen der Herrscher führen nur einige Schritte zur Hafengegend – in eine gänzlich andere Welt, voller Lärm und Chaos. Vom frühen Morgen an drängen sich Seefahrer und Kaufleute auf den Kais. Unablässig ist das Rufen der Hafenarbeiter zu hören, die kostbare Waren wie Bronze, Glas und Wein verladen, ebenso ihre Flüche, wenn Amphoren oder Kisten hinabstürzen und am Boden zerschellen. Von den nahen Werften her dringt das stete Hämmern der Schiffszimmerer herüber.

Kapitäne aus dem gesamten Mittelmeerraum stehen an den Anlegern, wohl froh, die schwierige Anfahrt gemeistert zu haben. Die See vor Alexandria birgt außerordentliche Gefahren – tückische Riffe sind oft erst zu erkennen, wenn man ihnen kaum mehr ausweichen kann.

Und doch scheut kaum ein Kaufmannsschiff die Reise. Zu lukrativ ist die Metropole als Umschlagplatz. Von überallher segeln Händler nach Alexandria: Sie kommen aus Italien, vom Balkan und aus Zypern. Bithynier aus Kleinasien legen hier an, Syrer und Phönizier von der Levante. Gelegentlich werden sogar chinesische Kaufleute gesehen.

Was hier nicht alles gehandelt wird! Elfenbein, Edelsteine und erlesene Schnitzereien, aber auch Silber, Papy-

KLEOPATRAS KAPITALE UM 35 V. CHR.

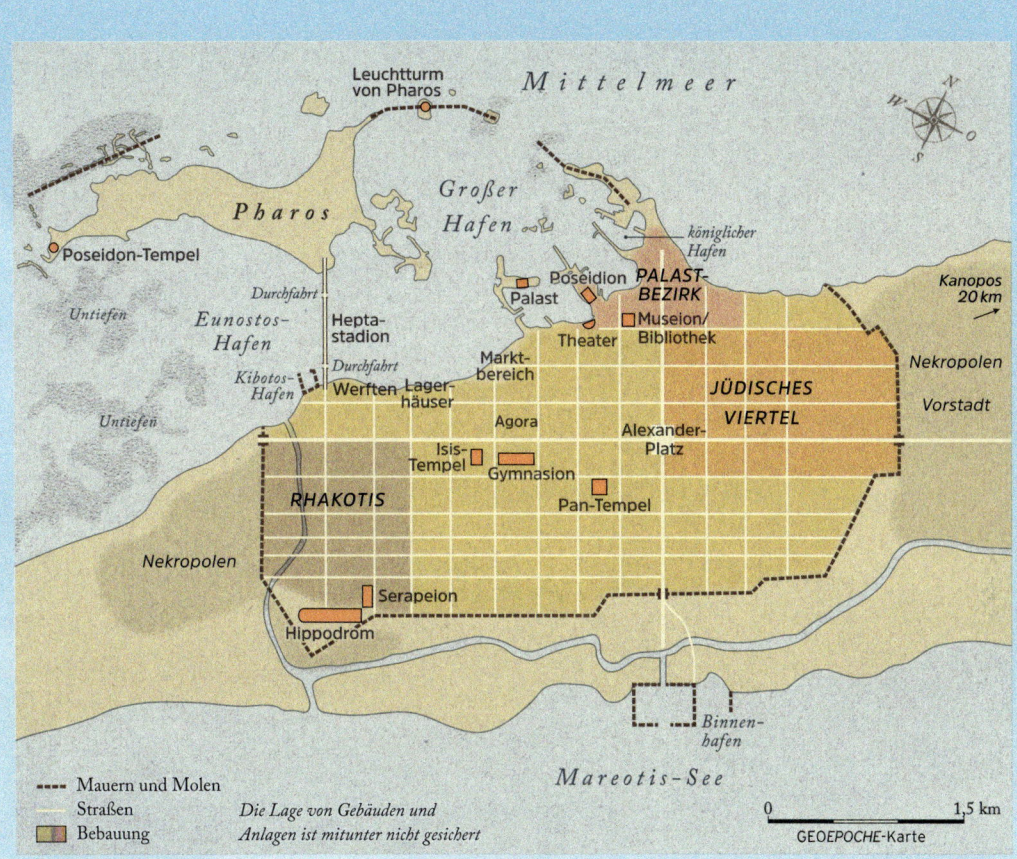

NEBEN ROM ist Alexandria die größte Stadt der Antike. Mehrere Häfen erstrecken sich an der Meeresseite der Metropole; der Leuchtturm bei der vorgelagerten Insel Pharos – eines der sieben antiken Weltwunder – weist den Schiffen den Weg. Im Norden dehnt sich der königliche Palastbezirk, in dem auch Theater, Museion und Bibliothek liegen. Viele jüdische Einwohner leben in einem östlichen Viertel. Das Schachbrettmuster der Straßen, das die Ordnung der gesamten Siedlung dominiert, folgt griechischen Vorbildern

UNTER DER Herrschaft von Kleopatra bevölkern schätzungsweise 500 000 Menschen die Stadt. Palast- und Wohnviertel, Tempel, Kultur- und Sportstätten prägen die prosperierende Metropole

um 35 v. Chr. | Alexandria

DIE STADT MIT DER HÄFEN

DAS THEATER von Alexandria liegt unmittelbar an einem Ausläufer der großen Hafenbucht. Der Seehandel, teils bis Indien und China, verschafft der Stadt seit jeher ihren Wohlstand. Kaufleute schicken Getreide vom Nil nach Rom, schlagen Gewürze, Elfenbein und Edelsteine um

VERBINDEN
WELT

rus und feine Töpferwaren. Die einen Güter veräußern auswärtige Händler an ihre alexandrinischen Kollegen, die die Schätze in Warenspeichern verstauen, um sie bald weiterzuverkaufen, andere gehen hier von Ägypten in alle Welt. Die zumeist griechischstämmigen Kaufleute vor Ort beschäftigen in großer Zahl ägyptische Arbeiter zu niedrigen Löhnen, sie selbst werden teils unermesslich reich.

Das wichtigste Handelsgut im Hafen von Alexandria aber ist Getreide. Von den Feldern am Nilufer gleiten vollgeladene Barken den Fluss hinab, erreichen von dessen Mündungsarmen aus den Mareotis-See, auf dem sie bis zu einem Binnenhafen an der Südseite der Metropole gelangen. Dort begutachten Beamte die Qualität des Korns, das anschließend auf andere Schiffe umgepackt wird. Das vorerst letzte Stück des Weges führt durch einen Kanal am Westrand des Stadtgebiets und endet bei den großen Hafenanlagen am Meer. Hier wird das Getreide in Lagerhäusern verstaut – oder auch direkt auf große Segler geladen. Ein erheblicher Teil davon geht in die stetig wachsende Großstadt Rom. Mehr als 100 000 Tonnen pro Jahr werden Schiffe um die Zeitenwende von Alexandria in die Hauptstadt des Imperiums bringen.

Auch nach Sizilien und an die Küste bei Massilia (heute Marseille) im westlichen Mittelmeer brechen Seefahrer von Alexandria aus auf. Dorthin etwa transportieren sie, wie auch zum italienischen Festland, Weine aus dem Umland des Mareotis-Sees – die von den römischen Dichtern Horaz und Vergil als süß und aromatisch gepriesen werden. Olivenöl und Bier gelangen gleichfalls von Alexandria in fast alle Regionen am Mittelmeer.

Die Ptolemäer kontrollieren zudem die Häfen am Roten Meer, dessen nordwestlicher Ausläufer etwa 300 Kilometer von Alexandria entfernt liegt und über Kanäle mit dem Nil verbunden ist. Strabon zufolge segeln von dort regelmäßig große Flotten nach Indien und kehren zurück mit Pfeffer, edlen Stoffen, Elefantenstoßzähnen oder anderen Kostbarkeiten wie der Indischen Narde, einer Pflanze, aus der ein als Heilmittel und Duftstoff verwendetes Öl gewonnen wird. Sind die Schiffe wieder an der Ostküste Ägyptens angelangt, werden die Waren umgeladen und über Kanäle nach Alexandria gebracht.

Und so verbinden die Häfen die Metropole mit der Welt – mit dem afrikanischen Hinterland und Arabien genauso wie mit Kleinasien und Südeuropa, mit dem Nahen ebenso wie mit dem Fernen Osten. Wohl kein anderer Ort dieser Zeit kann von einer derart günstigen Lage am Schnittpunkt gleich mehrerer Verkehrswege zwischen den Erdgegenden profitieren, wird von ähnlich vielen Einflüssen geprägt.

Doch anders als es der Stadtgründer einst erhofft haben mag, sind die vielen in Alexandria lebenden Völker nicht gänzlich zu einer harmonischen Gemeinschaft verschmolzen. Die Mehrzahl der schätzungsweise 500 000 Bewohner sind Ägypter. Sie gehen zumeist einfachen Tätigkeiten nach, arbeiten in der Landwirtschaft außerhalb der Stadt, als Krämer, Handwerker, Fischer oder sind niedere Soldaten – leben großteils in eigenen, eher schlichten Vierteln. Das Bürgerrecht, das ihnen etwa Mitsprache in den Volksversammlungen geben würde, dürfen sie lange Zeit nicht erwerben. Dennoch müssen sie Steuern zahlen – und fühlen sich dadurch wohl zurecht benachteiligt.

Die eingesessenen griechischen Familien dagegen, die häufig schon bald nach Gründung der Stadt aus der hellenischen Welt eingewandert waren, stellen den wohlhabenderen Teil der Einwohner, besetzen höhere Ämter, haben einträglichere Berufe, sind etwa als Beamte in gehobenen Rängen, Fernhandelskaufleute oder Offiziere tätig. Viele von ihnen, sowohl Männer als auch Frauen, besitzen das Bürgerrecht, da bereits ihre Eltern dieses Privileg genossen haben. Als Bürgerinnen und Bürger Alexandrias müssen sie weniger Steuern entrichten, erhalten gelegentlich sogar Geldzuwendungen von der Regierung, werden vor Gericht meist nachsichtiger behandelt als ihre ägyptischen Nachbarn. Ihre Kinder können gute Bildungseinrichtungen besuchen, die Körper und Geist gleichermaßen schulen.

Neben Griechen und Ägyptern bevölkern noch weitere Gruppen die Stadt: Seit den Zeiten des ersten Königs aus dem Geschlecht der Ptolemäer, der um 300 v. Chr. auch Palästina erobert hat, sind immer wieder Juden in beträchtlicher Zahl in das prosperierende Alexandria gezogen. Sie leben vor allem in einem Viertel im Osten der

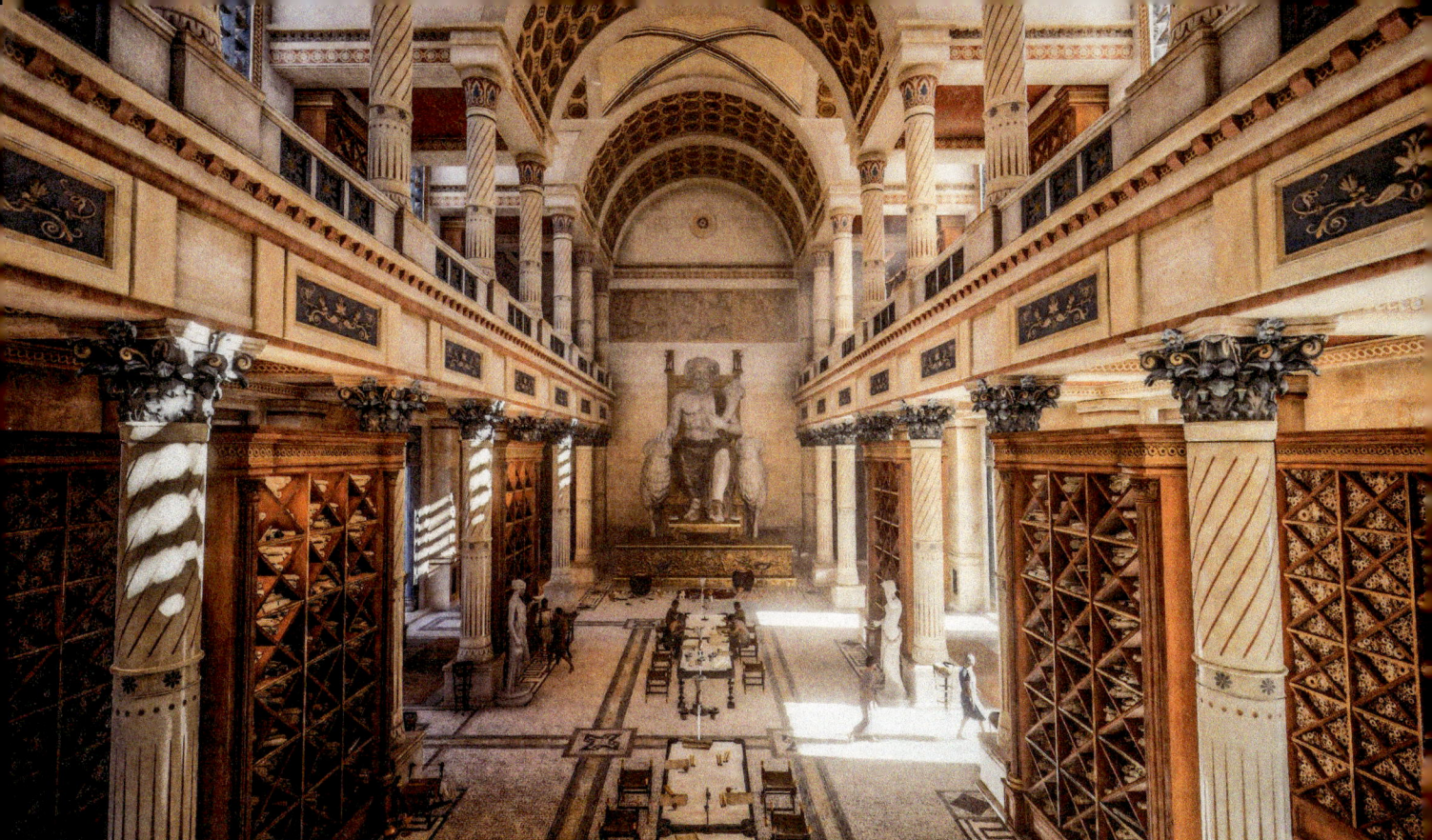

Stadt, siedeln aber auch in anderen Teilen der Metropole. Sie arbeiten als Kaufleute und Handwerker, verdingen sich als Beamte oder Soldaten. Wie die Ägypter besitzen sie kein Bürgerrecht, und sie erleiden im Laufe der Zeiten immer wieder Zurücksetzung und Verfolgung. Vielen Alexandrinern gelten sie als Fremde und Außenseiter – nicht zuletzt, weil sie im Gegensatz zu Griechen und Ägyptern nur einen einzigen Gott verehren, sich vom vielgestaltigen Götterkosmos der anderen fernhalten. Hassredner schüren Feindseligkeiten gegenüber der Minderheit und verbreiten üble Lügengeschichten; ein ansonsten geachteter Gelehrter aus Alexandria etwa wird im 1. Jahrhundert n. Chr. behaupten, dass im jüdischen Tempel in Jerusalem ein Eselskopf angebetet werde.

Eine weitere wachsende Gruppe sind die Italiker: Angehörige der Römischen Republik und andere Einwanderer vom italienischen Festland, von denen immer mehr ihr Glück im fernen, verheißungsvollen Alexandria suchen. Viele der Eingesessenen allerdings sehen in diesen Zugezogenen, vielfach als Händler tätig, eine weitere Konkurrenz, stehen ihnen ebenfalls feindselig gegenüber.

So wundert es nicht, dass auf den Straßen immer wieder Konflikte gären, sich Spannungen unter den Einwohnern mitunter in Gewalt entladen. Der geringste Anlass kann genügen. Mag sein, dass ein hochfahrender

DIE GROSSE
Bibliothek genießt weit über die Grenzen Ägyptens hinaus den Ruf als umfassendste Sammlung von Büchern. Herausragende Gelehrte nutzen die Hunderttausende von Schriftrollen in den Regalen, um neue Erkenntnisse zu gewinnen

griechischer Landbesitzer einem ägyptischen Arbeiter den vereinbarten Lohn verweigert. Oder ein jüdischer Kaufmann mit einem Angehörigen der Stadtwache in Streit gerät. Wie aus dem Nichts können aus Lappalien erbitterte, manchmal tödliche Auseinandersetzungen erwachsen.

°

WER VOM GROSSEN HAFEN mit seinen Anlegestellen und Lagerhäusern am Wassersaum entlang Richtung Westen läuft, erblickt zu seiner Rechten Alexandrias sicherlich spektakulärste Erscheinung: den strahlend weißen Leuchtturm, der sich auf der Insel Pharos erhebt. Mehr als 200 Jahre ist es her, dass die ersten beiden Ptolemäerkönige dieses Monument errichten ließen. Der Turm sollte ein Symbol sein für die alles übertreffenden Fertigkeiten der Dynastie. Aber er diente von Beginn an auch praktischen Zwecken: Das Licht an seiner Spitze weist den Schiffen an der ägyptischen Küste, die sonst kaum Orientierungspunkte bietet, den Weg nach Alexandria und erleichtert die gefahrvolle Anfahrt.

Auch in Kleopatras Zeiten hat der Bau nichts von seiner Imposanz verloren. Umspült von Gischt und hohen Wellen, seit Jahrhunderten scharfen Winden ausgesetzt, thront er über Meer und Stadt. Will man ihn betreten, muss man über eine lange, von Bögen getragene Rampe

um 35 v. Chr. | Alexandria

DAS VÖLKER VERSCHMILZT

WÄHREND DIE Griechen eher zur Oberschicht gehören, verdingen sich viele Ägypter als einfache Arbeiter. Ihre Viertel muten schlicht an, dennoch müssen sie hohe Steuern entrichten – ein Grund für die häufigen Spannungen in der Metropole

GEMISCH KAUM

gehen und erreicht so den untersten Teil des Gebäudes. Dieser ist quadratisch im Grundriss, mit etwa 30 Metern Seitenlänge, und erhebt sich ungefähr bis zur Hälfte des gesamten Bauwerks. Der zweite Abschnitt ist schmaler, achteckig und etwa halb so hoch wie der erste. Der dritte Teil, der offene Rundbau, hat wiederum ungefähr die halbe Höhe des darunterliegenden. Hier stehen die großen Spiegel, die das Sonnenlicht auf die See zurückwerfen. Nachts speisen die Turmwächter das Leuchtfeuer vermutlich mit Dung oder Öl. Ganz oben, in mehr als 100 Metern Höhe, prangt ein großes Standbild, möglicherweise der Göttervater Zeus, ein Blitzbündel in seiner Hand.

Um die 70 Räume soll es in dem Turm einst gegeben haben; wer sie benutzt hat und wie sie ausgestattet waren, ist nicht überliefert. Denkbar, dass hier neben Wächtern auch Soldaten einquartiert waren.

Bemerkenswert ist vor allem die Aura, die das Bauwerk verströmt. Seine Dimension übersteigt alle menschlichen Vorstellungen der Zeit, begeistert Einheimische wie Fremde. Früh schwelgt ein Dichter, der am Hof der Ptolemäer weilt, wie der Turm „den Himmel durchschneidet". Bereits in der Antike gilt das Bauwerk als eines der „sieben Weltwunder".

Beeindruckend ist neben dem Leuchtturm aber auch das Werk, das Pharos mit dem Festland verbindet. Vorbei die Zeit, in der man wie einst Alexander der Große mit einem Boot auf die Insel übersetzen musste. Nun lässt sich das Eiland über einen gewaltigen, mehr als einen Kilometer langen Damm namens „Heptastadion" erreichen.

Allerdings war diese Funktion vermutlich nicht das Hauptziel des kostspieligen Projekts. Der Damm teilt die Bucht vor Alexandria in den Großen Hafen an seiner östlichen Seite und den westlich gelegenen Eunostos-Hafen, bremst dabei schroffe Wellen und starke Strömungen. So schafft er überhaupt erst die Voraussetzung für die umfangreichen, bestens geschützten Hafenanlagen – und damit für einen Gutteil von Alexandrias Blüte. Um dennoch einfach von einer Hafenseite zur anderen zu gelangen, finden sich in dem Bauwerk zwei Brücken, unter denen die Schiffe hindurchgleiten können.

Nur einige Minuten geht man vom südlichen Ende des Damms über eine schnurgerade Straße bis zu einem Rhakotis genannten Viertel, dessen Name vielleicht auf

DER STADTGRÜNDER
Alexander der Große findet seine letzte Ruhestätte in Alexandria. An einem heute unbekannten Ort, wohl im Palastbezirk, wird sein einbalsamierter Leichnam über Jahrhunderte bewahrt

eines der Dörfer zurückgeht, die bereits vor Gründung der Metropole hier standen. Nun ist es vermutlich jener Teil der Stadt, in dem die Mehrzahl der ägyptischen Einwohner lebt, zumeist wohl in eher einfachen Bauten.

Am Südrand von Rhakotis, nicht mehr weit vom Ufer des Mareotis-Sees entfernt, erhebt sich auf einem Hügel das größte Heiligtum Alexandrias: das Serapeion, geweiht dem Gott Serapis. Menschen aus allen Winkeln der Stadt und aus dem Umland strömen hierher und steigen eine monumentale Treppe mit mehr als 100 Marmorstufen hinauf. Oben angekommen, betreten sie einen weitläufigen, von Säulengängen eingerahmten Bereich. Die meisten Besucher zieht es wohl sogleich in den Tempel, in dem eine kolossale Holzstatue des Serapis aufragt, überzogen mit Gold und Elfenbein. Durch die Fenster fällt ein mystisch glühendes Licht auf das Bildnis.

Serapis stammt ursprünglich aus der Götterriege der Ägypter, ist dort eine Verschmelzung des überaus bedeutenden Totengottes Osiris und dem in Gestalt lebender Stiere verehrten Apis. Die griechisch geprägten Ptolemäer aber haben einen neuartigen Kult um Serapis aufgebracht, in dem dieser mit hellenischen Vorstellungen verknüpft wird, in Darstellungen etwa mit dem Göttervater Zeus gleichgesetzt. So versuchen die Herrscher, mithilfe der Religion die Kulturen zu überbrücken. Und das Zentrum der von ihnen geförderten Serapis-Verehrung ist Alexandria.

In der gewaltigen Kultstätte, von ihrer Bauweise her ein griechischer Tempel, ausgeschmückt aber gleichzeitig auch mit traditionellen ägyptischen Statuen, treffen Griechen und Ägypter aufeinander. Sie flehen Serapis um Hilfe an, hoffen auf Heilung von Gebrechen, lauschen Orakelsprüchen, von denen sie sich Aufschlüsse über die Zukunft erhoffen. In ähnlicher, die Kulturen verbindender Weise wenden sich viele Hellenen in Alexandria auch der ägyptischen Göttin Isis zu, von der sie sich unter anderem Reichtum, Gerechtigkeit und Schutz auf See versprechen.

Verlassen die Besucher den Tempel und steigen die Stufen vom Hügel hinab, finden sie sich schnell in den zumeist übervollen Straßen im Herzen Alexandrias wieder. Die bedeutendste von ihnen ist ein gut fünf Kilometer langer, gepflasterter Boulevard, der von einem Tor in der westlichen Stadtmauer bis zum gegenüberliegenden Tor im Osten verläuft. Stolze 30 Meter ist diese Magistrale breit, flankiert zu beiden Seiten von Palästen und anderen prächtigen Bauten. Etwas östlich der Hälfte des Weges kreuzt sie Alexandrias zweite Hauptstraße, die vom königlichen Bezirk nach Süden führt.

Am Schnittpunkt dieser Achsen liegt der vielleicht belebteste Platz der Stadt, in späterer Zeit nach Alexander dem Großen benannt. Tag für Tag rumpeln Ochsenkarren über die Kreuzung, Pferdekutschen ziehen vorüber, Soldaten marschieren durch die Menge, Frauen schleppen Körbe mit Gemüse und Säcke mit Gewürzen nach Hause.

Nicht selten wanken wohl auch Grüppchen von Trunkenen über den Platz. Sie haben sich vielleicht in einem der zahlreichen Etablissements der Stadt vergnügt oder kommen von einem Ausflug zurück, aus dem gut 20 Kilometer nordwestlich gelegenen Kanopos – einem Ort, der für sinnliche Genüsse jeglicher Art bekannt und berüchtigt ist.

Zugleich für ein weiteres Serapis-Heiligtum und die angeblich davon ausgehende Heilkraft berühmt, gehört Kanopos zu den größten Vergnügungsstätten der antiken Welt. Über einen Kanal lässt es sich von Alexandria aus leicht erreichen. Nähert man sich der Siedlung, säumen Herbergen und Tavernen den Wasserlauf. Wohlhabende Alexandriner, aber auch reisende Kaufleute, kehren hier womöglich in luxuriösen Gasthäusern ein, in denen Köche raffinierteste Speisen zubereiten; dazu werden feine Weine und Bier serviert. Zumeist aber feiern Männer und Frauen ausgelassen auf den Booten oder in Schänken am Ufer, spielen das Blasinstrument Aulos und tanzen „mit äußerster Zügellosigkeit", wie Strabon schreibt.

Wer es sich leisten mag, kann sich je nach Geschmack Zeit mit Prostituierten beiderlei Geschlechts erkaufen. Zahlreiche Bordelle empfangen in Kanopos ihre Kunden. Auf dem Wasser des Kanals, so wie sie gekommen sind, kehren die Schlemmer, Zecher und Freier schließlich zurück nach Alexandria.

Weit entfernt von allen profanen Vergnügungen liegt, wohl irgendwo im königlichen Bezirk, eine einzigartige Institution. Ein Ort, der einem hehren Zweck geweiht ist: das Wissen über Welt, Natur und Kosmos zu mehren – und das bereits seit mehreren Jahrhunderten.

Vermutlich schon kurz nach 300 v. Chr. ließ der erste Ptolemäerkönig eine Forschungsstätte im Palastareal einrichten. Wo genau, weiß heutzutage niemand mehr – sicher aber scheint, dass sie zweigeteilt ist: Zum einen entsteht wohl zunächst die bald weithin gerühmte Bibliothek von Alexandria. Zum anderen stiftet Ptolemaios I., vielleicht auch erst sein Nachfolger, eine *Museion* genannte Institution, wörtlich übersetzt: „Heiligtum der Musen" (später wird die lateinische Form des Namens, „Museum", die heute übliche Bedeutung annehmen). In der griechischen Mythologie bilden die Musen einen Kreis von neun Göttinnen, die als Beschützerinnen verschiedener Disziplinen von Kunst und Wissenschaft verehrt werden, darunter Philosophie, Astronomie und Geschichtsschreibung.

Von Beginn an berufen die Herrscher Geistesgrößen aus der mediterranen Welt, statten sie mit Stipendien und allen nötigen Mitteln aus, auf dass sie im Museion arbeiten. Anders als Akademien späterer Epochen gilt die Institution nicht nur als Forschungsstätte, sondern auch als heiliger Ort: Priester vollziehen hier regelmäßig kultische Handlungen.

Die Forscher nehmen in einem Speisesaal gemeinsam die Mahlzeiten ein. Arbeitsräume zum Lesen und Schreiben, aber auch für naturwissenschaftliche Untersuchungen stehen den Gelehrten zur Verfügung. Sogar von einer Sternwarte wird berichtet – und tatsächlich gelingen den Forschern mit optischen Geräten faszinierende Entdeckungen, erstellen sie etwa ein Verzeichnis der Sterne. Dazu gibt es botanische und zoologische Gärten, in denen Flora und Fauna direkt am Objekt studiert werden können – und natürlich die Bibliothek.

Sie ist vermutlich in einem prächtigen Gebäude mit großen, säulengestützten Hallen untergebracht. Dort stehen kräftige Holzregale, die wohl bis zur Decke mit Schriftrollen aus langen, mit Rohr und Tinte beschriebenen Papyrusbahnen gefüllt sind. Je einige Dutzend Rollen, so mag man es sich vorstellen, liegen in einem Regalfach, nach Wissensgebieten sortiert, angeheftete Etiketten aus Ton geben über den jeweiligen Inhalt Auskunft – so müssen die Benutzer die Schriftstücke bei einer Suche nicht umständlich öffnen.

Hunderttausende Rollen lagern hier (wobei in den meisten wohl mehrere Werke festgehalten sind). Damit überragt die Bibliothek von Alexandria jede andere Büchersammlung der antiken Welt.

Den Grundstein dafür gelegt hat König Ptolemaios I., der einst die ambitionierte Parole ausgegeben haben soll, alle Schriften der Welt erwerben zu wollen – ein Ziel, für das einer seiner Nachfolger angeblich sogar systematisch Bücher von im Hafen anlandenden Schiffen konfiszieren ließ: Die vorherigen Eigner erhielten stattdessen Kopien, die Originale blieben in Alexandria, um so den Bestand der Bibliothek zu erweitern.

Viele Schriften werden in Alexandria aber nicht nur aufbewahrt, sondern auch übersetzt – so etwa zahllose in iranischer Sprache verfasste und dem Religionsgründer Zarathustra zugeschriebene Werke, die nach Angabe eines antiken Autors gewaltige zwei Millionen Verse umfasst haben sollen.

Die Gelehrten in Alexandria lesen die auf den Rollen geschriebenen Texte akribisch, versehen sie mit klugen Kommentaren, debattieren sicher auch mit Kollegen über ihre neuesten Erkenntnisse. Und laden Wissenschaftler aus anderen Städten ein. Einer Überlieferung zufolge kommt etwa eine Gruppe jüdischer Theologen aus Jerusalem nach Alexandria, um die hebräische Bibel möglichst genau ins Griechische zu übertragen.

Im Museion machen Forscher Entdeckungen, die das Wissen der Welt prägen. So berechnet Eratosthenes von Kyrene, ab etwa 245 v. Chr. Leiter der Bibliothek, unter anderem den Erdumfang: Dieser betrage, das schließt der Gelehrte mithilfe von Beobachtungen des Sonnenstandes in Alexandria und einer anderen ägyptischen Stadt, das 50-Fache der Entfernung zwischen den beiden Orten. Das Ergebnis weicht nur um wenige Prozent vom tatsächlichen Erdumfang ab. Vermutlich ebenfalls in Alexandria formuliert Euklid sein Werk „Elemente", in dem er die mathematischen Kenntnisse seiner Zeit zusammenfasst. Herophilos, Anatom aus Kleinasien, seziert am Museion Tote und beschreibt erstmals wissenschaftlich exakt die inneren Organe wie Leber, Nieren und Darm; intensiv untersucht er auch das Gehirn und gelangt zu der Ansicht, dass es das Zentrum des Nervensystems darstellt.

○

WAS IN ALEXANDRIA erforscht und erdacht wird, ist bahnbrechend und zukunftsweisend. Und der Glanz des Weisheitszentrums besteht über Jahrhunderte. Manche Herrscher scheinen zwar die so bedeutsame Institution zu vernachlässigen, innere Krisen führen etwa zur Vertreibung etlicher Gelehrter. Und zu Kleopatras Zeiten setzt möglicherweise ein Brand dem kostbaren Wissensfundus zu.

Nach Kleopatra wird die Stadt als Ganzes einen Rückschlag erfahren. Sie ist nun nicht mehr Kapitale eines souveränen Reichs, sondern Teil des römischen Imperiums, sinkt von der Weltmetropole zur Provinzhauptstadt hinab. Alexandria bleibt gleichwohl eine der größten Städte am Mittelmeer – und eine der faszinierendsten.

Der Glanz verblasst erst, als auch das Römische Reich Risse bekommt. Spätestens als im Jahr 641 n. Chr. muslimische Truppen die inzwischen oströmische Stadt erobern, sind Museion und Bibliothek zerstört. Doch werden sowohl arabische als auch byzantinische Gelehrte das in Jahrhunderten in Alexandria gesammelte Wissen weitertragen, werden später Denker auch im Westen Europas die Ideen der Forscher von einst weiterentwickeln – besonders zur Zeit der Renaissance.

Aber auch buchstäblich brennt das Licht Alexandrias noch lange weiter. Bis ins 14. Jahrhundert erwähnen Reisende den himmelstürmenden Leuchtturm von Pharos, der vor der Küste aufragt. Dann aber verfällt er, wird vermutlich nach mehreren Erdbeben nicht wieder aufgebaut. Ein muslimischer Herrscher errichtet um 1480 aus seinen Trümmern eine Zitadelle.

Das Strahlen von Pharos, es ist nun doch erloschen. ◊

LITERATURTIPPS

ISLAM ISSA
»Alexandria – The City that Changed the World«
Aktuelle Monografie (Pegasus).

JUDITH MCKENZIE
»The Architecture of Alexandria and Egypt – 300 BC to AD 700«
Umfassende Darstellung der Baugeschichte (Yale UP).

GEO+ EPOCHE DOSSIER

Lesen Sie auch »Christen: Triumph der Verfemten« (aus GEOEPOCHE Nr. 81) über den Glaubenskrieg im spätantiken Alexandria auf www.geo-epoche.de

---

IN KÜRZE

Zur Regierungszeit Kleopatras ist Alexandria seit mehr als zwei Jahrhunderten Hauptstadt des Ptolemäerreiches – und die bedeutendste Hafenstadt am Mittelmeer. Die Angehörigen der Herrscherdynastie leben in verschwenderischem Luxus, fördern aber auch die Wissenschaft und gewähren religiöse Vielfalt. Das Zusammenleben der unterschiedlichen Volks- und Glaubensgruppen birgt gleichwohl Probleme.

HORIZONTE ENTDECKEN

GEO Shop

Entdecken Sie den atemberaubenden GEO-Bestseller:

HORIZONTE –
Warum wir entdecken

In diesem einzigartigen GEO-Bildband fasst Alexander Gerst seine Erfahrungen als ESA-Astronaut zusammen und präsentiert gemeinsam mit GEO-Expeditionsreporter Lars Abromeit neue atemberaubende Fotografien von seiner zweiten Mission. In ihren Gesprächen tauschen die beiden Autoren sich über spannende Forschungsreisen im Weltall und auf der Erde aus, verbinden ihre Erlebnisse mit Beispielen aus der Welt der großen Entdecker der letzten Jahrhunderte und geben einen Ausblick auf die nächsten großen Schritte der Raumfahrt: zum Mond und zum Mars.

IDEALE ERGÄNZUNG!

166 TAGE IM ALL –
Vorbereitung für die 2. Mission

Maße, Umfang: 29 x 27 cm, 216 Seiten
Best.-Nr.:   G729296
Preise: € 40,00 (D), € 41,20 (A)
   Fr. 43.90 (CH)

Maße, Umfang: 29 x 27 cm, 208 Seiten
Best.-Nr.:   G729137
Preise: € 40,00 (D), € 41,20 (A)
   Fr. 43.90 (CH)

Jetzt bestellen unter geoshop.de/horizonte
oder +49 40 42236427

(Bitte geben Sie immer den Aktionscode an: G00211)

31 v. Chr.
Niedergang

ENTSCHEI

Im Herbst 31 v. Chr. prallen die Kriegsflotten zweier zutiefst verfeindeter Parteien vor der griechischen Küste aufeinander: hier Kleopatra mit ihrem Verbündeten Marcus Antonius, dort dessen einstiger Schwager Octavian. Die beiden Männer streiten um die Führung in der von Bürgerkriegen zerrütteten Römischen Republik und um das Erbe Caesars, mit dem Kleopatra einen gemeinsamen Sohn hat. Und so steht nun alles auf dem Spiel: die Zukunft Roms, der Pharaonin, ihrer Familie und ihres Reichs

DUNG BEI ACTIUM

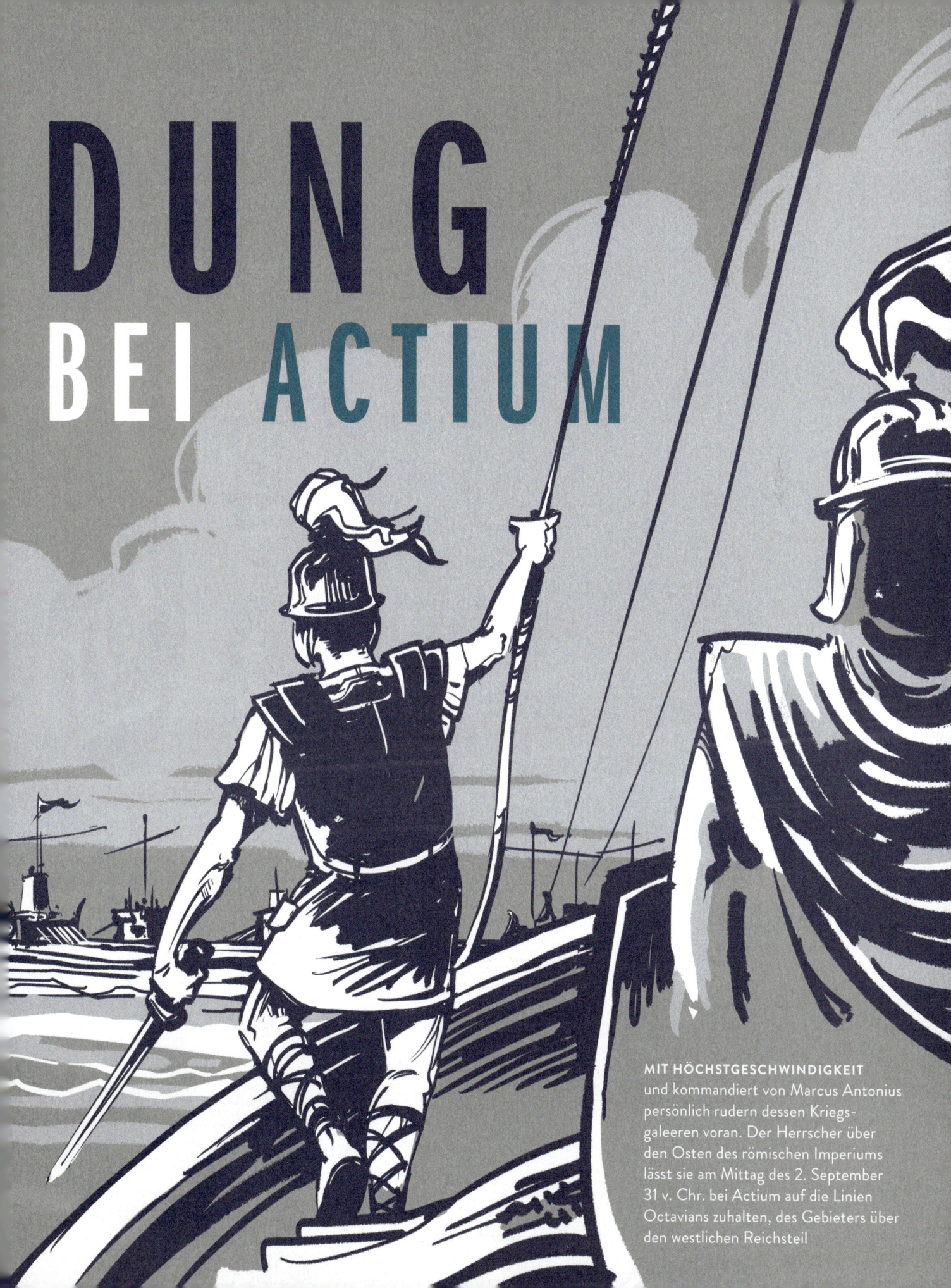

MIT HÖCHSTGESCHWINDIGKEIT und kommandiert von Marcus Antonius persönlich rudern dessen Kriegsgaleeren voran. Der Herrscher über den Osten des römischen Imperiums lässt sie am Mittag des 2. September 31 v. Chr. bei Actium auf die Linien Octavians zuhalten, des Gebieters über den westlichen Reichsteil

31 v. Chr. | Niedergang

TEXT: *Frederik Seeler*
ILLUSTRATIONEN: *Timo Zett für GEOEPOCHE*

D ie Lage im Spätsommer 31 v. Chr. scheint aussichtslos. Kleopatra und Marcus Antonius, die ptolemäische Herrscherin und der römische Feldherr, das Paar, das gemeinsam den gesamten Osten des Mittelmeers dominiert, sitzt fest. Belagert, eingeschlossen an der Westküste Griechenlands, zusammen mit ihren Truppen, Schiffen und Kisten voller Gold und Silber.

Seit Wochen bereits blockiert das Heer von Octavian, dem mächtigen Mann im römischen Westen und einstigen Verbündeten von Marcus Antonius, nahezu alle Wege zu Land und zu Wasser. Die Vorräte werden knapp, Malaria breitet sich aus, Soldaten desertieren. Tag um Tag wird die Situation schwieriger. Das Herrscherpaar muss handeln, wenn seine Geschichte nicht hier am Rand des Ionischen Meeres enden soll.

Am 2. September wagen sie den Befreiungsschlag. Die Mittagssonne strahlt über dem Ambrakischen Golf, an dem der Ort Actium liegt, eine leichte Brise streicht über das Wasser, als Trompetenstöße die Stille zerreißen. Der Befehl zum Angriff. Vom Ufer nahe dem schmalen Eingang zur Bucht setzt sich eine gewaltige Kriegsflotte in Bewegung, 170 Schiffe gleiten durch das Wasser Richtung offene See.

Marcus Antonius persönlich führt von einer Galeere aus das Kommando. An seiner Seite sowie auf den Decks der anderen Gefährte stehen Tausende römische Legionäre in Kettenrüstungen, bewaffnet mit Speeren und Kurzschwertern. Die meisten von ihnen können nicht schwimmen; sie sind es gewohnt, an Land zu kämpfen.

Die Streitmacht Octavians ist mehr als doppelt so groß. Rund 400 Schiffe formieren sich in zwei Reihen vor der Bucht. Genau diese Barriere gilt es für Marcus Antonius zu durchbrechen. Jeweils bis zu 300 Ruderer treiben die schweren Galeeren des Angreifers durchs Wasser, mit voller Kraft auf den Feind zu. Bronzene Rammsporne am Bug der Schiffe sollen die gegnerischen Bordwände bersten lassen.

Octavian bekommt davon vermutlich wenig mit. Er fühlt sich an diesem Mittag unwohl und ruht unter Deck. General Marcus Vipsanius Agrippa vertritt ihn. Als der erfahrene Militärführer die nahende Flotte sieht, lässt er seine Schiffe umgehend rückwärts rudern. Kommandos hallen über das Wasser. Ein wirkungsvolles Manöver: Die Männer von Marcus Antonius müssen nun eine noch längere Strecke zurücklegen, um die feindlichen Linien zu erreichen. Nach mehr als einem Kilometer in höchstem Tempo scheint ihnen allmählich die Kraft auszugehen. Kurz bevor sie endlich an ihr Ziel gelangen, weichen ihnen die Kapitäne Octavians wohl mit schnellen Bewegungen aus. Ruder brechen, Holz kracht und splittert, als die Schiffe aneinander vorbeischrammen, einige dennoch zusammenprallen.

Octavians Soldaten übernehmen nun die Initiative, werfen Enterhaken aus, ziehen die Schiffswände aneinander,

MARCUS ANTONIUS gelingt es mit seinen Soldaten, die gegnerischen Schiffe, die deutlich in der Überzahl sind, in einen Kampf zu verwickeln. Doch was wie eine Verzweiflungstat erscheint, ist ein Ablenkungsmanöver. Ersonnen hat es vermutlich Kleopatra, die mit ihrem Geschwader und der wertvollen Kriegskasse in sicherem Abstand zum Schlachtgeschehen auf den perfekten Moment wartet, um zu entkommen

klettern über Brüstungen. Im Nahkampf gehen die Krieger beider Seiten mit Schwertern, Äxten und Ruderstangen aufeinander los, versuchen Kontrahenten über Bord zu stoßen. Blutiges Chaos. Schreie, dumpfe Schläge, der schrille Ton, wenn Eisen auf Eisen trifft.

Kleopatra schaut dem Gemetzel aus der Ferne zu. Die Pharaonin steht an Deck ihres goldverzierten Flaggschiffs „Antonias", benannt nach Marcus Antonius, dem Vater ihrer drei jüngsten Kinder. Es ankert in Ufernähe, etwa zwei Kilometer vom Geschehen entfernt. Jederzeit könnte Kleopatra ihrem Partner zu Hilfe eilen. Sie befehligt ein Geschwader von noch einmal 60 Schiffen, die um sie herum in Bereitschaft im Wasser liegen, mit Tausenden von Soldaten an Bord. Die Pharaonin aber beobachtet, wartet, eine Stunde, dann zwei. Sie braucht perfekte Bedingungen, um ihren Plan auszuführen. Gegen 14 Uhr endlich frischt der Wind auf. Auf dem Meer bilden sich Schaumkronen. Der Moment ist gekommen.

Die „Antonias" rudert voraus, die anderen Boote folgen. Die Flotte steuert auf eine Lücke zu, die sich zwischen den im Kampf verkeilten Schiffen von Octavian und Marcus Antonius gebildet hat. Mit Präzision passiert Kleopatras Geschwader den Korridor. Kaum sind sie am Schlachtgetümmel vorbei, setzen die Seeleute des Flaggschiffs das purpurne Hauptsegel. Der Nordwestwind bauscht das Tuch auf, treibt die „Antonias" vorwärts Richtung Peloponnes. Kleopatra VII., Königin von Ägypten, ist dabei, zu entkommen!

Vor der Küste Griechenlands, bei Actium, entscheidet sich an diesem Nachmittag des 2. September 31 v. Chr. eine der größten Seeschlachten der Antike. Zwei Männer und eine Frau kämpfen um die Macht im Mittelmeer. Es ist – abermals – ein erbitterter Streit um das Erbe Caesars, um imperiale Titel und Reichtümer. Aber auch ein Ringen zwischen Okzident und Orient, zwischen Rom und Alexandria – und nicht zuletzt: zwischen drei Egos.

Als Kleopatra an diesem Tag mitten in der Schlacht aufs Meer hinaussegelt, scheint sie sich davonzustehlen in diesem Kräftemessen. Doch in Wahrheit ist sie ihrem Gegner, wie so oft, einen Schritt voraus.

Lange Jahre stehen Marcus Antonius und Octavian auf der gleichen Seite – zumindest laut Vertrag. Zur Zeit ihres gemeinsamen Sieges über die Caesar-Mörder bei Philippi 42 v. Chr. (siehe Seite 84) teilen sie sich ganz offiziell die Macht im Römischen Reich. Mit einem Abkommen haben sie bereits im Vorjahr ein gesetzlich legitimiertes Dreierbündnis an der Spitze des Staates besiegelt, ein sogenanntes Triumvirat. Der dritte Partner, der General Marcus Aemilius Lepidus, hat von Anfang an weit geringere Macht als die beiden anderen.

Marcus Antonius kontrolliert fortan den ganzen Osten, plant bald einen großen Kriegszug gegen das mächtige Partherreich im heutigen Iran. Im Westen herrscht Octavian, der vor Sizilien einen Seekrieg gegen den Rebellen Sextus Pompeius ficht. Solange sich die beiden in ihren jeweiligen Herrschaftssphären behaupten müssen, haben sie kein Interesse an einem Konflikt. Marcus Antonius heiratet 40 v. Chr. sogar Octavia, die Schwester Octavians, um den Bund zu festigen.

Doch die beiden Machthaber misstrauen einander, lauern auf Fehler des anderen. Beide beanspruchen für sich, der wahre Erbe Caesars zu sein – und beide gehen davon aus, dass ihre Koexistenz nur so lange andauert, bis sich einer von ihnen stark genug fühlt, den anderen herauszufordern.

Kleopatra verändert diese heikle Machtbalance, indem sie sich mit Marcus Antonius verbündet. Bereits 41 v. Chr., bei einem Aufeinandertreffen in Tarsos und kurz darauf in Alexandria (siehe Seite 96), haben die beiden sich angenähert, haben erste Vereinbarungen getroffen. Im Jahr 37 v. Chr. erneuern und vertiefen sie diese Beziehung – mit weitreichenden politischen Folgen.

Ägypten ist das reichste Land am Mittelmeer. Und die Pharaonin hat Ambitionen: An der Seite ihres neuen Partners weitet sie die Grenzen ihres Reichs aus, kontrolliert bald Gebiete im östlichen Mittelmeer, die vorher Rom gehorchten. Unter ihrer Führung soll Ägypten wieder zur Macht im Osten werden. Vielleicht hofft sie sogar, dass ihr Sohn Caesar, genannt Caesarion („Caesarlein"), das gemeinsame Kind mit Gaius Iulius Caesar, irgendwann das ganze römische Imperium regieren wird.

Der ehrgeizige Octavian, davon kann Kleopatra ausgehen, bedroht all diese Pläne. Wenn er sich durchsetzen sollte, könnte Ägypten seine verbliebene Unabhängigkeit verlieren. Kleopatras Dynastie stünde in Gefahr.

Octavian wiederum weiß, dass er zuschlagen muss, ehe seine Rivalen noch mächtiger werden. Nachdem er Sextus Pompeius endlich besiegt hat, beginnt er wohl 34 v. Chr., den Konflikt zu eskalieren – zunächst rhetorisch.

Der Machthaber engagiert Redenschreiber und Dichter, die Schmähverse und Pamphlete über Marcus Antonius verfassen, bezahlt Handlanger, die anzügliche Parolen in die Hauswände Roms ritzen. Er sei der Sklave Kleopatras, ständig geil und betrunken; er kleide sich wie ein Ägypter; seine Verbündete habe ihn verhext, unter Drogen gesetzt; der einst stolze Feldherr betrüge seine römische Frau Octavia, verrate sein Heimatland.

Es sind bizarre, teils absurde Vorwürfe, Rufmord. Doch die Demontage ist bewusst kalkuliert: Für einen Krieg braucht es Rückhalt nicht nur in der politischen Elite Roms, sondern auch bei den einfachen Bürgern, die Steuern zahlen und Rekruten stellen.

Octavian setzt auf Vorurteile über Frauen und Ausländer. Die Ägypter gelten bei vielen in Rom als dekadent, verweichlicht und gefühlsduselig, während sich die Römer für selbstbeherrscht und tugendhaft halten. Octavian schürt Hass gegen die „Hure" Kleopatra, versucht Marcus Antonius als deren Marionette darzustellen. Eine Behauptung ist besonders erfolgreich: Sein Konkurrent wolle Kleopatra weiteres römisches Land überlassen, ihr sogar Italien zum Geschenk machen. Solche Befürchtungen werden befeuert durch Prophezeiungen, die sich in dieser Zeit im Osten verbreiten, eine „göttliche Herrscherin" werde Italien unterwerfen. Auch wenn diese Orakelsprüche wahrscheinlich nicht auf die Pharaonin zurückgehen – sie verstärken die Wirkung der octavianischen Propaganda, lassen Marcus Antonius an Rückhalt verlieren.

Dabei beteiligt der sich durchaus selbst tatkräftig an der politischen Schlammschlacht. Er bezahlt Senatoren und Generäle in Rom, die Octavian als Emporkömmling darstellen, der von Parfümverkäufern und Geldwechslern abstamme. Dieser sei zudem spielsüchtig, verliere immer wieder große Summen beim Würfeln. Der wohl schlimmste Vorwurf: Octavian habe mit seinem Adoptivvater Caesar geschlafen, um sich dessen Erbe zu erschleichen.

Die Kampagne von Marcus Antonius überzeugt offenbar vor allem die römische Elite. Unter den Senatoren gewinnt er auch dank großzügiger Geldspenden viele Unterstützer, inszeniert sich erfolgreich als Verteidiger der alten Republik, die es vor dem Ehrgeizling Octavian zu schützen gelte.

Als am letzten Tag des Jahres 33 v. Chr. das formal immer noch fortbestehende Triumvirat ausläuft, ist die Kluft in Rom tief. Mit dem Ende des Dreierbundes, der selbstverständlich nicht ver-

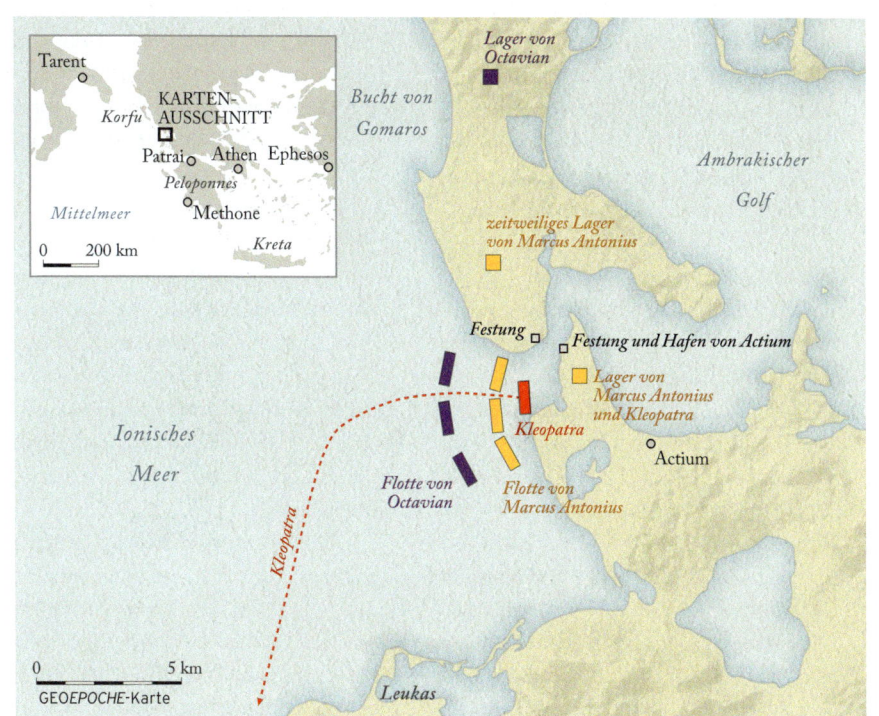

AM TAG DER SCHLACHT

KLEOPATRA UND MARCUS ANTONIUS haben ihre Truppen unweit von Actium vereint, um den Feind dort zu einer Landschlacht zu verleiten. Doch die Gegenseite durchschaut die gestellte Falle und schneidet die Truppen von ihren Versorgungslinien ab, versperrt zudem die Ausfahrt aus der Bucht bei Actium. Als Hunger und Krankheiten unter den Belagerten um sich greifen, wagen diese am 2. September 31 v. Chr. die Attacke Richtung offenes Meer

längert wird, ringen Marcus Antonius und Octavian nun um die Bestimmung der Konsuln – dem in der Theorie höchsten Amt im Staat. Anhänger von Marcus Antonius setzen zunächst ihre Kandidaten durch, die dann im Senat auch sogleich massive Vorwürfe gegenüber Octavian erheben und sich für eine triumphale Rückkehr ihres Favoriten nach Rom einsetzen. Doch Octavian organisiert einen Gewaltakt, um diese für ihn gefährliche Entwicklung ins Gegenteil zu verkehren.

In die nächste Senatssitzung bringt er Handlanger mit, die – für alle An-

wesenden leicht zu erkennen – Dolche unter ihren Togen tragen. Die Senatoren verstehen die Drohung sofort. Das Gremium folgt gezwungenermaßen Octavian. Und rund die Hälfte aller Senatsmitglieder, etwa 300 Männer, fliehen in den folgenden Tagen aus der Stadt, suchen Schutz bei Marcus Antonius, der gerade in Ephesos an der Westküste Kleinasiens residiert.

Unterdessen tut Kleopatra ihren Teil, den Konflikt noch weiter zu verschärfen. Sie überredet Marcus Antonius, sich von Octavia scheiden zu lassen, will wohl die Konkurrentin um Einfluss und Liebe endgültig loswerden. Die Römerin wäre die Letzte gewesen, die noch zwischen ihrem Bruder und ihrem Ehemann hätte vermitteln können. Es ist der finale Bruch. Im Juni 32 v. Chr. scheint ein Krieg der beiden Lager unausweichlich, ja gewollt.

Doch nach langen Jahren der Bürgerkriege sind die Römer der Kämpfe müde. Und so greift Octavian zu einer letzten List: Er verliest vor den verbliebenen Senatoren ein Testament von Marcus Antonius – angeblich aus einem Tempel in Rom entwendet, höchstwahrscheinlich aber eine Fälschung. Darin heißt es, Marcus Antonius wolle Alexandria zur Hauptstadt des Reiches machen und seinen Kindern mit Kleopatra sowie ihr selbst weiteres römisches Land vermachen. Der Beweis dafür, dass Ägypten danach strebt, Rom zu unterwerfen?

Octavian jedenfalls will es so aussehen lassen, als müsse sich das Reich gegen eine ausländische Bedrohung verteidigen – und als würden nicht erneut Römer gegen Römer in die Schlacht ziehen. Der Plan geht auf: Im Spätsommer 32 v. Chr. erkennt der von Octavian kontrollierte Senat Marcus Antonius alle Ämter und Titel ab. Der ägyptischen Pharaonin Kleopatra aber erklärt man den Krieg.

o

BEI ACTIUM, HERBST 32 v. Chr. Seit Wochen landen Schiffe an der Westküste Griechenlands, Kämpfer gehen von Bord, errichten Zelte und Palisaden. Kleopatra und Marcus Antonius haben schon länger mit der Kriegserklärung Octavians gerechnet und ihre Truppen gesammelt. Ihr Stützpunkt bietet Platz für eine große Flotte. Zugleich lässt sich die Bucht, in der er liegt, wegen ihrer schmalen Einfahrt leicht verteidigen. Und: In etwa zwei Tagen kann man vom nahen Korfu nach Italien übersetzen – Actium ist der ideale Ort, um eine Invasion vorzubereiten.

Marcus Antonius hat etwa 70 000 Legionäre unter seinem Kommando, dazu Hunderte Kriegs- und Transportschiffe. Kleopatra stellt allein 200 davon, besetzt mit Tausenden Soldaten. Auch Vasallenherrscher aus dem Osten des Römischen Reiches schicken Kontingente an Reitern und leicht bewaffneten Hilfstruppen. Wohl insgesamt 120 000 Mann finden sich in Griechenland ein.

Eine vielfältige Streitmacht: römische Legionäre in ihren Helmen und Kettenpanzern, Thraker in schwarzen Tuniken, Makedonen in scharlachroten Umhängen. In Kleopatras Einheiten tragen manche mit Goldfäden durchzogene Militärmäntel. Dazu in ihrer je eigenen Kluft: Infanterie aus Äthiopien, Kavallerie aus Armenien, Libyer, Kreter, Judäer.

Marcus Antonius und Kleopatra beziehen Quartier in der Hafensiedlung Patrai, gut 100 Kilometer südöstlich von Actium. Die Stadt bietet mehr Komfort als das Truppenlager. Die Pharaonin, die etliche Sprachen spricht, genießt vor allem den Respekt der anwesenden Herrscher aus dem Osten. Für die Römer dagegen ist es ein ungewöhnlicher Anblick, dass eine Frau einen Kriegszug führt, gleichberechtigt mit einem Mann Entscheidungen trifft. Die Generäle aus Rom misstrauen ihr, halten sie für unberechenbar, bitten Marcus Antonius sogar, die Ptolemäerin nach Ägypten zurückzuschicken.

Durchsetzen können sie sich nicht. Kleopatra ist entscheidend für das Bünd-

DURCH DIE Kämpfe öffnet sich eine Lücke in der Blockade, die Kleopatra und ihr Geschwader nutzen, um aus der Umklammerung zu entrinnen. Marcus Antonius folgt der Pharaonin Richtung Ägypten. Doch das Gros seiner Schiffe und Soldaten bleibt in der Schlacht zurück. Eine Demütigung, die den Feldherrn in Schwermut versinken lässt – und Kleopatra dazu bewegt, zumindest als Möglichkeit auch eine Zukunft ohne ihn zu planen

nis: Täglich kommen Transportschiffe aus Ägypten in Actium an, um die Zehntausenden Menschen mit Getreide zu versorgen. Die reichste Frau der Welt verfügt zudem über eine gewaltige Kriegskasse – etwa 600 Tonnen Silber- und Goldmünzen –, bezahlt damit den Sold der meisten Kämpfer.

Ein strategisches Problem aber bringt Kleopatras Anwesenheit mit sich: Sollte sie mit ihren aus dem Osten stammenden Truppen in Italien einfallen, würde das auf die Römer tatsächlich wie eine fremdländische Invasion wirken. Sie würden noch erbitterter an Octavians Seite gegen die Eindringlinge kämpfen. Weil zudem die Häfen Süditaliens mit Festungen geschützt sind, verwerfen Kleopatra und Marcus Antonius wohl ihre Invasionspläne. Stattdessen wollen sie den Gegner in eine Falle locken.

Octavian steht in Italien unter Druck, denn die Bevölkerung rumort vielerorts gegen die hohen Kriegssteuern. Er braucht einen schnellen Sieg. Die beiden hoffen nun, dass er zu ihnen nach Actium übersetzt. Dort würde er auf feindlichem Gebiet kämpfen, und das Duo könnte mit seiner Flotte die Versorgungslinien Octavians nach Italien abschneiden. Das trockene, karge Hinterland würde seine Streitmacht kaum ernähren. Sie wäre leicht zu schlagen.

Doch Kleopatra und Marcus Antonius unterschätzen ihren Gegner. Octavian selbst hat zwar wenig militärische Begabung, aber er vertraut auf seinen Kommandeur Agrippa. Die Erfahrung, die der als Admiral im Seekrieg gegen Sextus Pompeius gesammelt hat, kommt ihm jetzt zugute. Er erkennt die Schwäche seiner Widersacher: Sie sind auf eine rund 1800 Kilometer lange Nachschublinie von Ägypten über verschiedene Häfen nach Griechenland angewiesen.

Agrippa ignoriert daher zunächst das große Armeelager bei Actium und sammelt etwa 5000 seiner erfahrensten Kämpfer für eine spezielle Mission. Etwa 250 Kilometer südlich, an der Halbinsel Peloponnes, stürmen seine Landungstruppen im März 31 v. Chr. die Festungsstadt Methone, die den Zugang zum Ionischen Meer kontrolliert. Von dort aus attackieren Agrippas Geschwader nun erfolgreich die Getreidetransporte aus Ägypten. Derweil setzt Octavians Hauptarmee nach Griechenland über.

Mindestens 70 000 römische Legionäre gehen nördlich von Actium an Land. Marcus Antonius und Kleopatra sind von der Ankunft dermaßen überrumpelt, dass sie einen schweren Fehler begehen. Sie eilen zwar nach Actium, greifen aber nicht sofort an, sondern lassen Octavian unbehelligt ein Heerlager etwa zehn Kilometer entfernt auf einer Anhöhe beziehen. Möglicherweise wartet Marcus Antonius noch auf weitere Verstärkung. Sie wird vermutlich nie ankommen.

A

Agrippa hat unterdessen die Kräfteverhältnisse auf See in nur wenigen Monaten umgekehrt. Im Sommer 31 v. Chr. erobern seine Soldaten auch die Insel Leukas nahe der Einfahrt zur Bucht bei Actium. Kein Schiff kann Marcus Antonius und Kleopatra jetzt noch erreichen.

Innerhalb kurzer Zeit herrschen katastrophale Bedingungen im Lager. Tagsüber brennt die Sonne auf die Männer nieder, lediglich mittags bringt eine Brise Abkühlung. Die Kämpfer bekommen nur noch kleine Rationen an Getreidebrei. Mücken aus nahe gelegenen Sümpfen verbreiten Malaria. Fäkalien und Müll sammeln sich. Viele Soldaten erkranken an der Ruhr, wohl weil sie ihren Durst mit verunreinigtem Wasser löschen. Bald schleichen sich erste Krieger nachts davon, und mit jedem Tag werden es mehr.

Im Spätsommer 31 v. Chr. scheinen Marcus Antonius und Kleopatra den Kampf verloren zu haben, noch bevor es zu einer großen Schlacht gekommen ist.

Ende August halten die beiden mit ihren Generälen und Vasallen Kriegsrat. Einige der römischen Kommandeure raten dazu, an Land zu kämpfen und nach Norden Richtung Makedonien und Thrakien durchzubrechen. Doch mit geschwächten Soldaten scheint ein Sieg in einer Landschlacht kaum möglich, das Risiko, bei einer Niederlage auch die Kriegskasse zu verlieren, zu hoch; zudem müssten sie die komplette Flotte schutzlos in Actium zurücklassen.

Da ergreift Kleopatra das Wort und unterbreitet den Männern einen Plan. Man werde mit einem Teil der Flotte auslaufen, verkündet die Pharaonin, und Octavians Schiffe in eine Schlacht verwickeln. Wenn gegen Mittag wie gewohnt der Wind über der Bucht auffrische, sollen so viele Schiffe wie möglich versuchen, ihre Segel zu setzen und nach Ägypten zu flüchten. So könnte man zumindest die Kriegskasse retten, die verbleibenden Kräfte neu sammeln – und den Kampf später anderswo fortführen. Kleopatra hat sich wohl bereits vorher die Unterstützung von Marcus Antonius gesichert. Sie setzt sich gegen die Generäle durch.

In der Nacht auf den 2. September 31 v. Chr. lässt die Pharaonin heimlich ihren gewaltigen Schatz auf die Schiffe laden. Während viele Legionen an Land zurückbleiben, um dort Octavians Heer in Schach zu halten, verteilt Marcus Antonius 20 000 Soldaten auf seine Kriegsschiffe. Die meisten seiner Galeeren haben zwei Stockwerke, bis zu 300 Ruderer sitzen auf der unteren und oberen Ebene an den Riemen. Auf Deck finden bis zu 120 Soldaten Platz.

Marcus Antonius weist die Besatzungen an, ihre Segel mitzunehmen. Eigentlich unnötiger Ballast bei einer Seeschlacht, aber wichtig für den eigentlichen Plan, aufs offene Meer zu entrinnen. Die Truppen weiht er nicht in die Fluchtabsicht ein, er will ihre Kampfmoral nicht schmälern. Die Segel seien dazu da, den Feind zur Not zu verfolgen, lässt er verbreiten.

Am nächsten Morgen läuft die Flotte aus und bezieht vor der Bucht Position. Und Octavian, durch Überläufer von dem bevorstehenden Angriff informiert, lässt seine 400 Schiffe auffahren.

o

ALS KLEOPATRA AM Nachmittag des 2. September inmitten der Schlacht an den verkeilten Galeeren der Kontrahenten vorbeigleitet, die freie See vor sich, fährt Marcus Antonius ihr mit einem Dutzend Schiffen hinterher. Octavians Flotte, teils mit zerbrochenen Rudern und gänzlich ohne Segel, hat keine Chance, sie zu verfolgen.

Flavius Josephus und Cassius Dio, Geschichtsschreiber, die ein und zwei Jahrhunderte später die Ereignisse schildern, werden es so darstellen, als habe Kleopatra während der Kämpfe die Nerven verloren und mit ihrer überhasteten Flucht die Niederlage eingeläutet. Cassius Dio ätzt zudem, sie habe sich damit wie eine typische Frau und Ägypterin verhalten. Doch heute ist sich die Forschung weitgehend einig: Alles war von Kleopatra und Marcus Antonius genauestens geplant. Warum sonst etwa hätten die Schiffe Segel und Kriegskasse an Bord haben sollen?

Während das Herrscherpaar mit rund einem Drittel seiner Schiffe entkommen kann und Kurs Richtung Alexandria nimmt, bleibt der Großteil ihrer Streitmacht zurück. Die meisten Galeeren sind beschädigt, manövrierunfähig, sitzen fest. Die Krieger kämpfen dennoch voller Verzweiflung weiter.

Um den letzten Widerstand zu brechen, werfen Agrippas Männer Fackeln und Gefäße mit glühenden Kohlen auf die gegnerischen Schiffe und setzen sich ab. Panisch versuchen die Besatzungen, die aufflammenden Feuer zu ersticken, mit Meerwasser, Mänteln, schließlich

EIN ANGRIFF OCTAVIANS AUF ÄGYPTEN IST NUR EINE FRAGE DER ZEIT

mit den Leichen ihrer Kameraden. Doch der Wind facht die Brände immer wieder an. Tausende Soldaten verbrennen, ersticken oder springen in Todesangst von Bord; ihre Rüstungen ziehen sie in die Tiefe. Immerhin die etwa 50 000 Legionäre, die noch an Land stehen und aus der Ferne das Inferno mitansehen, kommen glimpflich davon. Nach einigen Tagen Verhandlung treten sie zu Octavian über. So geht eine Jahrhundertschlacht vorbei, mit einem Sieg – aber ohne wirklichen Sieger.

Octavian hat zwar eine Streitmacht niedergerungen, seine beiden Hauptfeinde aber nicht festsetzen, ihren Schatz nicht sichern, insbesondere den Machtkampf um das Mittelmeer nicht zu seinen Gunsten entscheiden können.

Für den früher so gefeierten Feldherrn Marcus Antonius ist Actium eine schwere Demütigung. Seine Flucht ist zwar geglückt, doch musste er dafür einen Großteil seiner Truppen opfern.

Auch Kleopatra hat sich retten können. Sie allerdings konnte dazu ihr Vermögen und die meisten ihrer Soldaten in Sicherheit bringen. Und sie hat die Hoffnung nicht aufgegeben. Noch auf dem Schiff in die Heimat beginnt sie zu planen. Actium hat zwar die Vorzeichen verschlechtert, aber ein Befreiungsschlag gegen Octavian scheint ihr weiter möglich, das Wenden des Kriegsglücks.

Es wird anders kommen.

Blumengirlanden schmücken die Schiffe, Musiker spielen auf, als Kleopatra im Herbst 31 v. Chr. mit ihrer Flotte in Alexandria einläuft. Die Untertanen sollen glauben, dass sie triumphiert hat: Die Pharaonin fürchtet Aufstände, wenn sich der Misserfolg herumspricht. Mit der vorgetäuschten Siegesfeier kauft sie sich Zeit. Kaum im Palast angekommen, lässt sie einige ihrer Widersacher festnehmen und ohne Umschweife hinrichten.

Sie ahnt, dass Octavian früher oder später mit seinem Heer nach Ägypten kommen wird. Und sie erkennt schnell, dass Marcus Antonius in dieser Phase kaum helfen wird. Tiefe Schwermut hat den Römer befallen, auf der Überfahrt hat er angeblich drei Tage lang nicht gesprochen.

Kleopatra plant mehrgleisig: In den folgenden Wochen lässt sie neue Truppen ausheben, sendet Boten zu befreundeten Herrschern im Osten aus, mit der Bitte um Beistand. Sie organisiert aber auch Fluchtmöglichkeiten. Soldaten etwa sollen Schiffe mithilfe von Rollenkonstruktionen über eine Landenge zum Roten Meer ziehen. (Das Projekt scheitert, weil ein verfeindeter Regionalfürst die Schiffskarawane attackiert.)

Ihre dritte Option ist am heikelsten: Hinter dem Rücken von Marcus Antonius nimmt Kleopatra Kontakt zu Octavian auf, schickt ihm Geschenke, versucht zu verhandeln. Das Überleben ihrer Dynastie scheint ihr wichtiger als die Liebe zu ihrem Partner. Ihre Zugeständnisse gehen offenbar weit: Sie bietet an, als loyale Vasallin des Machthabers zu herrschen, ihn mit regelmäßigen Zahlungen aus Ägypten zu besänftigen. Marcus Antonius könne man ins Exil schicken.

Doch Octavian geht nicht darauf ein, er will den Kopf von Marcus Antonius – und die gesamten Reichtümer Kleopatras. Nur damit kann er seine Legionen bezahlen, die zum Teil seit Jahren in seinem Dienst stehen und nie vollständig entlohnt wurden. Bald trifft die Nachricht in Alexandria ein, dass Octavian in Richtung Ägypten aufgebrochen ist.

Kleopatra trifft letzte Vorkehrungen. Wohl im Frühjahr 30 v. Chr. lässt sie ihren 16-jährigen Sohn und Mitregenten Caesarion in einer Zeremonie offiziell zum Erwachsenen erklären. Nun ist er mündig, kann als Pharao Ptolemaios XV. ihre Dynastie fortführen, falls sie stirbt.

Den schwermütigen Marcus Antonius sucht sie unterdessen aufzumuntern – mit Festmählern, Wein, wohl auch Orgien. Doch die morbide Grundstimmung lässt sich allmählich nicht mehr leugnen: „Gesellschaft jener, die zusammen sterben werden" nennen sie selbst eine ihrer Trinkrunden. Und die Zeit der Festlichkeiten währt ohnehin nur kurz. Im Sommer 30 v. Chr. rückt Octavians Streitmacht auf Alexandria vor. Der finale Kampf beginnt.

Und endet praktisch gleich wieder.

DIE PHARAONIN BEHÄLT DIE KONTROLLE – BIS ZUM SCHLUSS

Z

Zu groß ist die Überlegenheit von Octavians Truppen (unter anderem, weil immer weniger Könige des Ostens noch bereit sind, Kleopatra zu unterstützen). Zwar zieht Marcus Antonius, der eine Chance sieht, die Schmach von Actium wettzumachen, und einen ruhmreichen Heldentod sucht, noch mit Reitern und Infanteristen vor das Stadttor von Alexandria. Auch zu Wasser plant er einen Angriff. Doch die Besatzungen von Kleopatras Flotte bewegen ihre Ruder auf und ab, als sie auf die Schiffe Octavians stoßen, grüßen so den Feind, signalisieren, dass sie kapitulieren.

Kleopatra hat das wohl eingefädelt. Wahrscheinlich möchte die Königin weiteres sinnloses Gemetzel verhindern, Verhandlungsbereitschaft signalisieren. Die Ereignisse jedenfalls beschleunigen sich nun.

Während Octavian nach den Kämpfen mit dem Aufgebot von Marcus Antonius (die dieser überlebt) in die Stadt einrückt, zieht sich Kleopatra in ihr kurz vor der Vollendung stehendes Mausoleum zurück, ein massives, zweigeschossiges Gebäude auf dem Palastgelände, dessen Fenster auf das Mittelmeer hinausblicken. In die Grabkammer hat sie zuvor ihren Staatsschatz schaffen lassen: Gold, Silber, Smaragde, Perlen, Ebenholz, Elfenbein, Zimt – dazu jede Menge Brennholz. Sie droht das, was Octavian so inständig will, anzuzünden. Selbst in der Niederlage schafft sie sich so noch eine Verhandlungsposition.

Dann macht sie etwas Unfassbares: Zu Marcus Antonius schickt sie einen Boten, lässt ihm mitteilen, dass sie sich das Leben genommen hat. Die Herrscherin hat wohl entschieden, dass sie ihren Verbündeten nicht mehr braucht. Mehr noch, bei dem was sie plant, könnte er stören. (Eine früher weit verbreitete Version, nach der der Partner nicht durch eine bewusst versandte Nachricht Kleopatras von deren vermeintlichem Tod erfährt, sondern einem Missverständnis unterliegt, gilt in der Geschichtswissenschaft mittlerweile als unwahrscheinlich.) Marcus Antonius reagiert auf die Nachricht wie kalkuliert: Der Römer fühlt sich verlassen, rammt sich sein Schwert in den Leib. Doch dieser Tage gelingt ihm, wenn man den antiken Autoren Glauben schenkt, nicht mal der Suizid. Die Klinge verfehlt sein Herz, durchbohrt seinen Magen.

Als kurz darauf ein Palastsekretär herbeieilt und ihm erzählt, dass Kleopatra nicht tot ist, fasst Marcus Antonius neuen Lebensmut. Er rafft sich, schwer verletzt, auf, lässt sich von Dienern unter Schmerzensschreien zu ihr tragen. Das Tor zum Mausoleum ist bereits verbarrikadiert.

Kleopatra bekommt nun wohl doch Mitleid mit dem Sterbenden. Sie und ihre Dienerinnen nutzen einen Seilzug, um seinen Körper durch ein Fenster in die obere Etage zu hieven. Es muss ein elender Anblick sein: Der einst gefürchtete Herrscher hängt an einem Seil, wimmert vor Schmerzen und streckt die Hände nach seiner Partnerin aus. Kurz darauf stirbt er in ihren Armen, so zumindest wird es berichtet.

Octavians Unterhändler erreichen das Mausoleum wenig später. Versuchen,

30 V. CHR. stehen Octavians Truppen vor Alexandria. Kleopatra verschanzt sich mit dem Staatsschatz in ihrem Mausoleum und droht, alles in Brand zu setzen. Doch sie kann dem militärisch überlegenen Römer mit diesem Druckmittel keine Zugeständnisse mehr abringen. Wenig später, nach der Kapitulation, stürzt sich Marcus Antonius in sein Schwert und stirbt einen qualvollen Tod, Kleopatra nimmt sich mit Gift das Leben (rechts). So entgeht sie der Schande, von Octavian im Triumphzug durch Rom geführt zu werden: als Beute des neuen Machthabers über das ganze Imperium, zu dem nun auch Ägypten gehört – als Provinz

durch das geschlossene Tor Kontakt aufzunehmen. Einem der Männer gelingt es schließlich, über eine Leiter durch das Fenster einzusteigen. Er überwältigt Kleopatra und ihre Dienerinnen – bevor sie Feuer legen können.

SIE STEHEN SICH womöglich zum ersten Mal gegenüber: der mächtigste Mann und die mächtigste Frau der Epoche, nun Sieger und Besiegte. Es ist der 8. August 30 v. Chr., und Octavian besucht Kleopatra in ihren Gemächern im Palast, in den sie vorerst zurückkehren durfte. Er, der Adoptivsohn Caesars. Sie, die frühere Geliebte des berühmten Feldherrn.

Ansonsten verbindet sie nur wenig. Der Römer ist knapp sieben Jahre jünger, 32, ein hagerer, steifer Typ mit blassem Gesicht. Der Geschichtsschreiber Cassius Dio berichtet später, dass Kleopatra bei dem Treffen ihre schönsten Gewänder trägt, sich auf einem Sofa räkelt, um Octavian zu verführen. Ein anderer Autor, Plutarch, beschreibt die Zusammenkunft völlig anders, berichtet von der kränklichen, vor Kummer abgemagerten Kleopatra, die auf einem Strohsack liegt. Vielleicht möchte sie so Mitleid erregen. Was sie einander sagen, ist nicht überliefert. Kleopatra ist aber wohl Realistin genug, um zu wissen, dass Octavian nur an ihrem Vermögen interessiert ist. Möglicherweise verhandelt sie noch über die Zukunft ihrer Kinder, verspricht zu kooperieren, wenn diese verschont werden.

Über ihr eigenes Schicksal macht sie sich sicher wenig Illusionen. Von einem Spitzel erfährt sie, dass Octavian sie nach Rom bringen, sie bei seinem Triumphzug in Ketten vorführen will – um sie anschließend hinrichten zu lassen. So niedergeschlagen, schwach scheint sie, dass Octavian wohl unvorsichtig wird, die Königin nur von wenigen Männern bewachen lässt.

Das nutzt sie aus – um ihm ein letztes Mal zuvorzukommen. Am 10. August, kurz vor der Abreise nach Rom, finden römische Soldaten Kleopatra auf einer Liege in ihren Gemächern. Leblos. Tot mit 39 Jahren.

Ihr Leibarzt wird später verbreiten, dass sie eine Sandviper in einem Korb zu sich schmuggeln ließ, ein in Ägypten verehrtes Tier. Heilig und hochgiftig, soll sie Kleopatra mit einem Biss in die Welt der Götter überführt haben. Die perfekte Inszenierung. Doch ist wenig glaubhaft, dass die akribische Strategin ihren Selbstmord den Instinkten eines Tiers anvertraut hat. Realistischer: Sie ließ sich von ihrem Arzt einen Trank aus Opium und Schierling zubereiten. Eine weitere genau geplante Flucht – wie damals in Actium. Bis zum Schluss bleibt sie Herrin ihres Schicksals.

Zwei Wochen später stirbt auch Kleopatras Sohn Caesarion. Der nach dem Suizid der Königin tobende Octavian lässt den Thronfolger umbringen. Als leibliches Kind Caesars hätte er irgendwann gefährliche Ansprüche erheben können.

So geht nicht nur die Herrschaft Kleopatras zu Ende, sondern auch die Ära der Ptolemäer, jener griechisch-makedonischen Dynastie, die Ägypten fast drei Jahrhunderte lang – als Pharaonen und Erben Alexanders des Großen – regiert hat. Und deren Macht Kleopatra zu einem letzten Höhepunkt führen konnte.

Der neue Herrscher am Nil ist ein Römer. Octavian, der Triumphator von Actium, dominiert nun das Mittelmeer, ist der starke Mann im Imperium. Ägypten, das stolze, 3000 Jahre alte Pharaonenreich, macht er zur römischen Provinz Aegyptus.

Die Geschichtsschreiber seiner Zeit und folgender Jahrhunderte werden Kleopatra – ganz im Sinne des neuen Machthabers – als intrigante Verräterin darstellen, als bösartig, überheblich und feige. So auch bei ihrem Fluchtmanöver in der Schlacht von Actium. Dabei wählte sie dort nur selbstbewusst und klug einen Weg in die Freiheit. Wenn auch nicht mehr für lange Zeit. ◊

LITERATURTIPPS

BARRY STRAUSS
»Die Geburt des römischen Kaiserreichs – Antonius, Kleopatra, Octavian und die Schlacht bei Actium«
Meisterhaftes Werk, das die Geschehnisse aus den Perspektiven aller drei Protagonisten erzählt (Theiss).

CHRISTOPH SCHÄFER
»Kleopatra«
Solides Porträt der Pharaonin (WBG).

Lesen Sie auch »**Das Ende der Römischen Republik: Der erste Kaiser**« (aus GEOEPOCHE Nr. 50) über den Aufstieg Octavians auf *www.geo-epoche.de*

IN KÜRZE

Am 2. September 31 v. Chr. gelingt es Kleopatra und Marcus Antonius, in der Seeschlacht bei Actium einer Umklammerung durch die Truppen ihres Rivalen Octavian zu entgehen. Das Gefecht hat keinen echten Sieger und wird dennoch zur Vorentscheidung für die Geschichte Ägyptens: Ihm folgt das dramatische Ende von Kleopatras mehr als 20 Jahre währender Herrschaft – und des ptolemäischen Reichs am Nil.

MIT GEO DIE WELT VERSTEHEN

Ihr Wunsch-Magazin

Jetzt Wunsch-Magazin aus der Vielfalt von GEO portofrei kennenlernen + Prämie sichern!

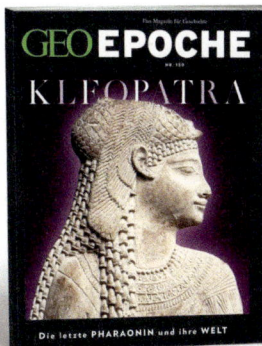

Deutschlands Reportagemagazin Nr. 1 mit opulenten Bildern und starken Geschichten, die einen die Welt mit anderen Augen sehen lassen.

3 x GEO für 19,50 €

Vergangenheit wird lebendig: Meilensteine der Geschichte werden ohne Staub und Zahlenkolonnen packend erzählt.

2 x GEO EPOCHE für 19,– €

Zeigt Kindern ab 3 Jahren die Welt. Zum Vorlesen, Anregen, Selbstentdecken und Mitspielen.

7 x MEIN ERSTES GEOLINO für 28,– €

Das innovative Kindermagazin ab 9 Jahren vermittelt charmant und lebendig Wissen und Werte rund um Mensch, Tier und Umwelt.

4 x GEOLINO für 21,20 €

+

Ihre Prämie zur Wahl

01 GEO Baumspende
Für jede Spende pflanzt GEO einen Baum im Regenwaldprojekt in Nepal
Ohne Zuzahlung

02 LEGO CLASSIC „Kreative Monster"
Kreativ-Set in Regenbogenfarben
Altersempfehlung: ab 4 Jahren
Zuzahlung: nur 1,– €

03 GUTSCHEINGOLD
Universal-Gutschein
Wert: 5,– €
Ohne Zuzahlung

Diese und weitere GEO-Magazine + Prämien zur Wahl unter:

www.geo.de/familie | +49 (0) 40 / 55 55 89 90

Bitte Bestell-Nr. angeben: GEO **200 8326** | GEO EPOCHE **200 8866** | MEIN ERSTES GEOLINO **201 5206** | GEOLINO **200 8486**

Alle Preisangaben inklusive MwSt. und Versand (ggf. zzgl. einmaliger Zuzahlung für die Prämie). Änderungen vorbehalten. Es besteht ein 14-tägiges Widerrufsrecht. Zahlungsziel: 14 Tage nach Rechnungserhalt. Anbieter des Abonnements ist Gruner+Jahr Deutschland GmbH. Belieferung, Betreuung und Abrechnung erfolgen durch DPV Deutscher Pressevertrieb GmbH als leistendem Unternehmer.

Oder sofort per QR-Code bestellen →
Scannen Sie den Code mit der Kamera- oder QR-Code-App Ihres Smartphones und sichern Sie sich alle GEO-Vorteile!

DIE EINZIGE ERBIN der letzten ptolemäischen Pharaonin, verewigt vermutlich durch diese metallene Büste mit kraftvollen Tiersymbolen: Zeitlebens wird Kleopatra Selene an der griechisch-ägyptischen Kultur festhalten

29 v. Chr.
Kleopatra Selene

Die VERGESSENE TOCHTER

AB 25 V. CHR. regiert Kleopatra Selene (rechts) mit ihrem Mann Juba (links) im nordafrikanischen Mauretanien (Vorder- und Rückseite einer zeitgenössischen Münze)

Nach dem Tod von Kleopatra VII. und Marcus Antonius gelangt deren zehnjährige Tochter 29 v. Chr. als Gefangene nach Rom. Doch statt ihr übel mitzuspielen, lässt der neue dortige Alleinherrscher Octavian Kleopatra Selene in besten Verhältnissen groß werden. Wie einst ihre Mutter wird die junge Prinzessin sogar zu einer Königin aufsteigen – dennoch verlieren Gelehrte und Dichter lange kaum ein Wort über sie

TEXT: *Katrin Maike Sedlmair*

Ein Triumphzug: Sie schreitet durch die Straßen, ihr Körper wohl in edle Stoffe gehüllt, goldglänzende Armreife mögen ihre Handgelenke schmücken. Mit stolzem Blick vermutlich, wie es ihrer Abstammung gebührt, mustert Kleopatra die jubelnde Menge. Überall drängen sich die Menschen, um das Mitglied der ägyptischen Pharaonendynastie zu bestaunen. Vor ihr, geschultert von Trägern, kostbare Beutestücke, Schätze, Waffen und Rüstungen der Geschlagenen, dazwischen exotische Tiere, lebende Trophäen des grandiosen Sieges. Doch es ist nicht die Pharaonin Kleopatra, die da durch die Straßen zieht. Es ist ein Kind, kaum älter als zehn Jahre – und es feiert keinen Triumph, es wird vorgeführt. Ausgestellt von jenem Mann, der seine Eltern in den Tod getrieben hat: Octavian.

Kleopatra Selene heißt das Mädchen, das an diesem 15. August des Jahres 29 v. Chr. Rom durchquert, die Tochter von Kleopatra VII. und Marcus Antonius. Gemeinsam mit ihrem Zwillingsbruder muss sie sich der Menge präsentieren; die Kinder sind menschliches Raubgut, Belege für den kompletten Sieg des römischen Potentaten. Ägypten ist jetzt in seiner Hand, das einst strahlende ptolemäische Königreich untergegangen. Mutmaßlich mit größter Genugtuung zeigt Octavian den Nachwuchs seiner Rivalen auf den gewaltigen, insgesamt drei Tage währenden Feierlichkeiten.

Kleopatra VII. wäre wohl in goldene Ketten gelegt worden, das bleibt ihrer Tochter erspart. Trotzdem, so lässt sich vermuten, empfindet das nach Rom verschleppte Mädchen in diesen Augenblicken die ganze Schmach ihres Unglücks, spürt sie, dass sie dem Willen ihres Bezwingers ausgeliefert ist. Schon bald wird sie auch ihren Bruder verlieren. Die Waise ist einsam, machtlos.

Und doch: Ihr wird es gelingen, sich aus ihrem Verhängnis zu befreien. Als einziges Kind Kleopatras verlässt sie Rom lebendig. Mehr noch: Sie wird in den Jahren darauf eine fast unglaubliche Karriere machen, zu einer Herrscherin aufsteigen wie einst ihre Mutter. Und dennoch später fast ganz vergessen werden.

Kleopatra Selene ist womöglich schon einmal zur Königin erhoben worden. Mit sechs Jahren hat ihr Vater Marcus Antonius sie, so der Geschichtsschreiber Cassius Dio, zur Herrin der Region um die Stadt Kyrene im heutigen Libyen erklärt. Auch seine anderen Kinder mit Kleopatra VII. bedenkt der Römer damals, 34 v. Chr., mit Regentschaften: den Zwillingsbruder Alexander – der als zweiten Namen den des Sonnengottes Helios trägt, so wie Kleopatra den der Mondgöttin Selene – und den jüngeren, erst zweijährigen Sohn des Paares mit dem klassischen Herrschernamen Ptolemaios. Damit wollen die Pharaonin und der Römer die Macht ihrer Nachkommen am östlichen Mittelmeer für die Zukunft sichern.

Wie ihre Geschwister genießt Kleopatra Selene die beste Bildung, begleitet ihre Mutter wahrscheinlich auf diplomatischen Reisen. Gut möglich, dass Kleopatra VII. vorhat, ihre Tochter, wie bei den Ptolemäern durchaus üblich, mit deren Halbbruder zu verheiraten: Caesar, genannt Caesarion („Caesarlein"), dem Sohn des berühmten Römers und bereits Mitregent seiner Mutter. So würde Kleopatra Selene dereinst selbst an die Spitze des Ptolemäerreiches aufsteigen.

Doch die dramatische Schlacht von Marcus Antonius und Kleopatra VII. gegen ihren Widersacher Octavian

KLEOPATRA SELENE wird gemeinsam mit ihrem Zwillingsbruder Alexander Helios – beide zeigt wohl diese ägyptische Sandsteinskulptur – nach Rom verschleppt. Die Spuren des Jungen verlieren sich dort allerdings rasch

MIT EINEM Triumphzug feiert Octavian 29 v. Chr. in der Kapitale am Tiber seinen Sieg über Ägypten. Dieses antike Relief gibt möglicherweise eine Szene der Feierlichkeiten wieder, bei denen auch die Zwillinge von Kleopatra als menschliche Trophäen vorgeführt werden

bei Actium 31 v. Chr. (siehe Seite 132), ihre endgültige Niederlage und ihr doppelter Suizid im Jahr darauf ändern alles. Ägypten, der erste Territorialstaat der Menschheitsgeschichte, sinkt herab zu einer Provinz des Imperium Romanum. Und das Leben der Nachkommen Kleopatras VII., der letzten Ptolemäer, liegt nun ganz in der Hand Octavians.

Der, de facto jetzt römischer Alleinherrscher, zaudert nicht lange und lässt Caesarion, nach dem Tod seiner Mutter kurzzeitig alleiniger Pharao, töten. Die Zwillinge und deren jüngeren Bruder Ptolemaios jedoch verschont Octavian vorerst. Und verschifft sie nach Rom.

Der ausschweifende Festzug am Tiber im Sommer 29 v. Chr. soll vor aller Augen den Sieg Octavians über die Erzfeinde zelebrieren, die eigene Größe demonstrieren und zugleich die Unterlegenen demütigen. Kleopatra Selene und Alexander Helios müssen als menschliche Trophäen teilnehmen, gehen – gut erkennbar platziert – direkt vor Octavian selbst. Es ist wahrscheinlich das letzte Mal, dass man die Zwillinge zusammen sieht.

Kurz darauf versiegen alle Nachrichten über Alexander Helios und Ptolemaios. Sind die Jungen eines natürlichen Todes gestorben – etwa an einer Krankheit? Oder hat Octavian nun womöglich auch den restlichen männlichen Nachwuchs seiner einstigen Rivalen ermorden lassen?

Kleopatra Selene jedenfalls mag die Einzige sein, die überlebt, und sie muss mitansehen, wie ihre Eltern nun auch noch mit einer symbolischen Auslöschung gestraft werden: Octavian lässt Statuen von Marcus Antonius in Rom umstürzen, sogar das Geburtsdatum des Verstorbenen wird verflucht. Darüber hinaus ordnet der Senat den Bau eines Triumphbogens auf dem Forum Romanum an, der dem Sieg über Ägypten und dem Untergang Kleopatras VII. gewidmet ist.

Dichter und Geschichtsschreiber verbreiten fortan

IN ROM
stürzen
Statuen

Octavians Sicht der Geschehnisse, verunglimpfen vor allem Marcus Antonius. Auch Kleopatra VII. wird systematisch verfemt, etwa als böse Magierin dargestellt, die sich Männer durch Hexerei gefügig gemacht habe, in fast all ihren Entscheidungen und Taten negativ bewertet.

Paradoxerweise erlebt Rom zu dieser Zeit eine Faszination für ihr nun gefallenes Königreich: Wandmalereien mit ägyptischen Motiven wie der Sphinx zieren vornehme römische Villen, zudem lässt bald sogar Octavian selbst Obelisken aufstellen, um die neue Provinz im Stadtbild zu verewigen. Wohlhabende Bürger, die nach dem Vorbild der Pharaonen ihre letzte Ruhe finden wollen, lassen sich Pyramiden als Grabstätten bauen.

Währenddessen wendet sich das Schicksal von Kleopatras Tochter ein weiteres Mal. Denn Kleopatra Selene wird nicht etwa verleumdet oder verbannt, im Gegenteil: Sie erhält Zugang zu einem der angesehensten Haushalte Roms. Ausgerechnet in der Familie ihres Widersachers wächst sie nun auf, im Haus von Octavians Schwester Octavia. Umso bemerkenswerter, als Octavia einst auch die Ehefrau ihres Vaters war – die Gattin, die Marcus Antonius für Kleopatra schließlich verließ.

Warum die damals Verschmähte die Tochter ihrer Konkurrentin bei sich aufnimmt, ist unklar. Octavia ist gemeinhin für ihre Tugend und Güte

OCTAVIAN erlangt 27 v. Chr. vom Senat den Ehrentitel »Augustus«. Unter diesem Namen geht er als der erste römische Kaiser in die Geschichte ein

DIE SCHWESTER des späteren Augustus, Octavia, als gütige, tugendhafte Frau bekannt und einst mit Marcus Antonius verheiratet, nimmt Kleopatra Selene bei sich auf

bekannt, neben Kleopatra Selene und ihren eigenen Kindern mit Marcus Antonius kümmert sie sich zudem um ein Kind desselben aus früherer Ehe.

Doch auch Octavian zeigt ein überraschendes Wohlwollen gegenüber Kleopatras Tochter. Über die Gründe lässt sich nur spekulieren. Sie könnten damit zu tun haben, dass er dabei ist, sich zum mächtigsten Herrscher aufzuschwingen, den Rom bis dahin gesehen hat.

Nach seinem Sieg über Marcus Antonius und Kleopatra VII. besitzt der Adoptivsohn Caesars bereits die Hoheit über die gesamte römische Welt, nun macht er sich daran, diese Position langfristig zu sichern. Zwar gibt er am 13. Januar 27 v. Chr. alle ihm während der Kämpfe der vergangenen Jahre übertragenen Sonderrechte zurück und stellt damit die republikanische Ordnung wieder her. Doch das ist nur Schein.

Octavian hat nämlich zuvor im Senat systematisch jene Mitglieder ihres Amtes enthoben, die ihm nicht wohlgesonnen sind. Und so reagiert das höchste Gremium genau so, wie von ihm beabsichtigt: Die Senatoren bedrängen ihn geradezu, sein Amt doch weiter auszuführen, und verleihen ihm am 16. Januar den Ehrentitel „Augustus" – „der Erhabene". Damit erkennt der Senat de facto die Alleinherrschaft Octavians an; diese Beschlüsse gelten gemeinhin als der Beginn der römischen Kaiserzeit.

Geschickt wird Octavian, oder nun Augustus, in der Folge

weitere Ämter und Vollmachten an sich reißen, seine Stellung festigen. Dabei bleibt er jedoch stets darum bemüht, den Anschein von Allmacht zu vermeiden. Er nennt sich daher auch nicht König, sondern *princeps*, der erste Bürger des Staates.

Zudem gibt er sich gern als Kaiser des Friedens und der Stabilität. Da ist die Aufnahme der Tochter seiner Feinde in die eigene Familie ein starkes Signal – ein Zeichen, das Ausgleich und Versöhnung vermittelt. Vielleicht ist es aber auch Kleopatra Selenes vornehme Herkunft, die Augustus dazu bewegt, sich um sie zu kümmern. Über ihren verstorbenen Vater hat sie verwandtschaftliche Verbindungen in die höchsten Familien Roms. Ein solches Kind auf seine Seite zu ziehen, könnte sich auszahlen – um weitere Mitglieder der Elite als Verbündete zu gewinnen.

Vermutlich ist Augustus immer wieder zu Gast bei seiner Schwester, begutachtet, wie das Mädchen heranwächst, und lässt ihr die gleiche Erziehung angedeihen, als gehörte sie zur Familie.

In Octavias großem Haushalt lernt Kleopatra Selene einen jungen Mann namens Juba kennen, dessen Schicksal ihr dem eigenen verblüffend ähnlich vorkommen muss. Er ist Sohn des Königs von Numidien, eines einst von Caesar eroberten Berberreiches in Nordafrika. Wie sie wurde der Junge nach dem Suizid des Vaters nach Rom gebracht, dort ebenfalls den Massen auf einem Triumphzug präsentiert. Und ebenso erhält er im Hause der Octavia die beste Ausbildung.

Augustus sieht in den beiden Heranwachsenden offenbar ein ideales Paar – vor allem für seine eigenen Zwecke. Ihrer royalen Herkunft gemäß hat der Römer Großes mit den Königskindern vor. Sie sollen, wie einst ihre Eltern, zu Herrschern werden. Zwar nicht in den Reichen ihrer Vorfahren, aber in einem großen, bisher kaum organisierten Territorium in Nordafrika: Mauretanien. Die Gegend (nicht im heutigen Staat Mauretanien gelegen, sondern in Algerien und Marokko) ist bereits seit einigen Jahrzehnten von Rom abhängig. Doch dem Reich fehlt ein Oberhaupt: Die früheren Herrscher sind in den Wirren des römischen Bürgerkriegs umgekommen. Geeignete Nachfolger vor Ort gibt es nicht. Und so beschließt Augustus, Juba und Kleopatra Selene an die Spitze Mauretaniens zu setzen.

Angst vor Illoyalität, ja Rache seiner ehemaligen Gefangenen, deren Eltern von ihm in den Tod gedrängt wurden, hat Augustus offenbar nicht. Vielleicht hofft er, dass die gute Erziehung und die privilegierte Stellung, die er ihnen ermöglicht, ausreichen, damit sie fortan im Interesse Roms handeln.

Im Jahr 25 v. Chr. heiraten Juba und die inzwischen 15-jährige Kleopatra Selene und besteigen den Königsthron in Mauretanien. Es muss ein Triumph für die Tochter der Pharaonin sein. Eine Silbermünze, die zu jener Zeit in Mauretanien geprägt wird, zeigt die Vermählten im Profil. Locken umrahmen das stolze, ebenmäßige Gesicht der jungen Frau; ein Diadem ziert ihr Haupt. Die ägyptische Prinzessin, die zur Beute Roms wurde, schlägt nun doch noch den Weg ein, den etliche ihrer Ahninnen bereits beschritten haben: den einer Königin.

Tatsächlich erweisen sich die neuen Regenten als treue Verbündete Roms. Das Paar baut die alte Handelsstadt Iol an der nordafrikanischen Küste

ANGST
vor Rache?
Nein

ERMORDET: Kleopatra Selenes Halbbruder Caesarion, nach dem Tod der Mutter deren Nachfolger, wird auf Octavians Geheiß in Ägypten umgebracht (Kopf einer Statue, Caesarion zugeschrieben)

MIT 15 JAHREN heiratet die verschleppte Prinzessin den numidischen Königsspross Juba. Das Paar gibt seinem gemeinsamen Sohn (unten) den Namen Ptolemaios – und reiht ihn damit bewusst ein in die Riege der griechisch-ägyptischen Herrscher

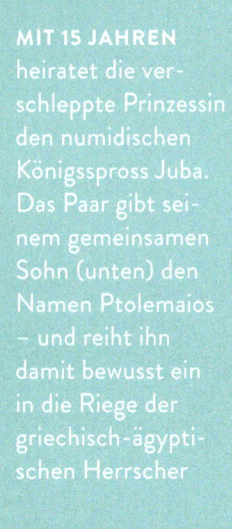

wieder auf, nennt sie „Caesarea" (heute Cherchell in Algerien). Mehr noch: Ganz Mauretanien erblüht zu einem Ort des Handels und der Kultur.

In Caesarea selbst lässt Juba ein riesiges Amphitheater errichten. Der Hafen wird vergrößert, der Palast erneuert, eine umfangreiche Bibliothek angelegt. Künstler, Kaufleute und Gelehrte kommen ins Land. Bald schon ist Caesarea einer von Roms wichtigsten nordafrikanischen Handelsposten.

Und dennoch: Bei aller Loyalität zum Reich des Augustus knüpft Kleopatra Selene auch an ihre Wurzeln an. So lässt sie Kunstschätze, etwa wertvolle Skulpturen, aus ihrer Geburtsstadt Alexandria nach Mauretanien überführen. Die einzige Tochter Kleopatras VII. präsentiert sich bald selbstbewusst nicht nur als Teil der mauretanischen Herrscherfamilie, sondern auch als Erbin der ptolemäischen Dynastie. Münzen kommen in Umlauf, die sie als Isis zeigen, die ägyptische Göttin der Genesung, des Lebens und der Magie – als deren Inkarnation sich ebenfalls ihre Mutter gern inszenierte. Wie Kleopatra VII. pflegt die junge Königin Griechisch als Sprache am Hof in Mauretanien. Dabei beweist sie wohl besonderes diplomatisches Geschick gegenüber dem Kaiser – denn Augustus lässt sie offenbar in allem gewähren.

Selbst als sie ihren um 10 v. Chr. geborenen Sohn mit Juba offen in die Tradition ihrer berühmten Ahnen stellt, ihn Ptolemaios nennt. Auch der Spross, so scheint es, soll das royale Vermächtnis seiner Familie mütterlicherseits weiterführen. Hofft Kleopatra Selene sogar, dass er nicht nur Mauretanien, sondern eines Tages wieder das Land ihrer Vorfahren regieren kann? Wohl eher unwahrscheinlich.

Tatsächlich wird Ägypten über Jahrhunderte eine römische Provinz bleiben, verwaltet von einem vom Kaiser ernannten Präfekten, der dafür sorgt, dass Steuereinnahmen und Getreidelieferungen möglichst zuverlässig ins Machtzentrum am Tiber gelangen.

Kleopatra Selene stirbt spätestens im Jahr 1 n. Chr. (das genaue Todesdatum ist nicht bekannt). Ihr Leichnam wird im königlichen Mausoleum bei Tipasa (heute Algerien), einer kuppelförmigen, von einem Saum aus 60 Halbsäulen umschlossenen Grabanlage beigesetzt. Nach dem Tod ihres Mannes um 24 n. Chr. über-

---

LITERATURTIPPS

JANE DRAYCOTT
»Cleopatra's Daughter – Egyptian Princess, Roman Prisoner, African Queen«
Die erste moderne Biografie über Kleopatra Selene (Head of Zeus).

WERNER ECK
»Augustus und seine Zeit«
Guter Überblick zum Leben des ersten römischen Kaisers (C. H. Beck).

WIE KLEOPATRA SELENE hat auch Juba (hier eine Bronzebüste) im Haushalt von Octavians Schwester eine gute Ausbildung erhalten. Zusammen übernehmen beide für mehrere Jahrzehnte die Führung in Mauretanien

nimmt Ptolemaios, zuvor bereits Mitregent, allein die Herrschaft über Mauretanien. Doch im Jahr 40 n. Chr. lässt ihn der amtierende Kaiser Caligula nach Rom kommen – und dort hinrichten. Die Gründe liegen, wie viele Details der Geschichte seiner Familie, im Dunkeln.

Klar ist: Mit seinem Ableben endet auch die Geschichte der stolzen Dynastie der Ptolemäer. Wenige Jahre später zerbricht das letzte Reich, an deren Spitze sie standen: Aus Mauretanien werden zwei römische Provinzen.

Und der Glanz von Kleopatra Selenes Wirken verschwindet ebenfalls: Während Dichter und Denker über Jahrtausende die Geschichte der Ptolemäer und die der berühmten Mutter weitertragen, von der Anmut, Stärke und Entschlossenheit von Kleopatra VII., aber auch von ihrem angeblich böswilligen und durchtriebenen Charakter berichten, gerät ihre Tochter wie viele andere Frauen in der lange von Männern geprägten Geschichtsschreibung weitgehend in Vergessenheit – bis ins 21. Jahrhundert hinein.

Als etwa der englische Dichter William Shakespeare um 1606 sein Historiendrama „Antonius und Kleopatra" zu Papier bringt, lässt er in dem Schauspiel zwar den ältesten Sohn der Pharaonin erwähnen. Kleopatra Selene aber – die als alleinige der Kinder zur Herrscherin von Roms Gnaden wurde – widmet er kein einziges Wort. ◊

Lesen Sie auch »Circumcellionen: Im Namen des Herrn« (aus GEOEPOCHE Nr. 100) über Glaubenskrieger im römischen Nordafrika der Spätantike auf *www.geo-epoche.de*

IN KÜRZE

Mit dem Untergang des Pharaonenreiches scheint die lange in Ägypten herrschende Dynastie der Ptolemäer am Ende. Doch die Tochter von Kleopatra VII., Kleopatra Selene, übersteht den Zugriff Roms. Mehr noch: Ihr gelingt eine unglaubliche Karriere, die sie bis auf den Königsthron im nordafrikanischen Mauretanien führt. In der männerdominierten Geschichtsschreibung aber gerät sie für Jahrhunderte in Vergessenheit.

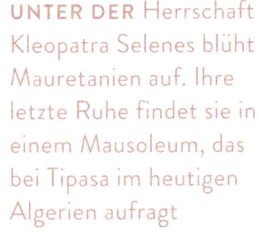

UNTER DER Herrschaft Kleopatra Selenes blüht Mauretanien auf. Ihre letzte Ruhe findet sie in einem Mausoleum, das bei Tipasa im heutigen Algerien aufragt

GEO

Die Welt mit anderen Augen sehen

FORSCHUNG MIT ANDEREN AUGEN SEHEN

Uns und unsere Welt immer wieder neu entdecken, Zusammenhänge verstehen, Perspektiven wechseln und neugierig bleiben. Das ist GEO.

Die spannende Geschichte zur größten Arktisexpedition aller Zeiten erleben Sie auf geo.de/entdecken

Werkstatt

MENSCHEN DAHINTER

ILLUSTRATION

Timo Zett

Der Illustrator hat für diese Ausgabe einen sehr modernen Zeichenstil auf einen historischen Stoff treffen lassen, der ihn mit seinen dramatischen Wendungen zutiefst fasziniert hat: die Schlacht von Actium 31 v. Chr., auf die der Selbstmord von Marcus Antonius und Kleopatra folgt. Zetts Anspruch während des Zeichnens war, die Betrachterinnen und Betrachter in die Szenen hineinzuziehen, ohne dabei kitschig zu werden. Das Ergebnis können Sie ab Seite 132 begutachten.

AUTORIN

Katrin Maike Sedlmair

Seit sie an der Universität Hamburg im Nebenfach Alte Geschichte studiert hat, ist die Journalistin mit Kleopatras Lebensgeschichte vertraut. Dass auch die Tochter, die die letzte Pharaonin mit dem Triumvir Marcus Antonius hatte, einst als Königin regierte, hat die Autorin jedoch erst durch die Arbeit an ihrem Artikel über Kleopatra Selene erfahren (ab Seite 146) – sicherlich ein Beleg für die Ignoranz, mit der die männlich dominierte Geschichtswissenschaft dieser Herrscherin lange Zeit begegnet ist.

HEFTKONZEPT

Jens-Rainer Berg

Bei seiner ersten Begegnung mit Kleopatra war der GEO*EPOCHE*-Redakteur überzeugt, den Inbegriff einer Ägypterin vor sich zu haben – da war er sieben Jahre alt und schaute in ein „Asterix"-Heft. Später, im Erwachsenenalter, erklärte ihm ein naseweiser Zeitgenosse, die Pharaonin sei natürlich keine Ägypterin gewesen, sondern Griechin. Nun weiß er: Die Wahrheit liegt irgendwo dazwischen. In jenem grauen Bereich, der in der Geschichte ohnehin meist der spannendste ist.

GESCHICHTE AUS DEM QUALITY BOARD

Legenden über Kleopatra gibt es zuhauf. Eine der bekanntesten geht auf den römischen Gelehrten Plinius zurück: Kleopatra habe eine unermesslich kostbare Perle in Essig aufgelöst und das Gebräu getrunken, um ihren Geliebten Marcus Antonius zu beeindrucken. Zunächst wollte das Verifikationsteam von GEO*EPOCHE* die Erwähnung dieser Episode (im Text ab Seite 96) pflichtschuldig mit dem Hinweis versehen, sie könne schon deswegen nicht stimmen, weil sich Perlen nicht in Essig auflösen lassen – so steht es nämlich in seriösen modernen Darstellungen. Bei näherer Recherche stellte sich aber heraus, dass es so einfach nicht ist. Der US-Altphilologe B. L. Ullman hat tatsächlich in den 1950er Jahren Experimente mit echten Perlen durchgeführt und kam zu dem Schluss, dass ein für den menschlichen Magen gerade noch verträglicher Essig unter Umständen sehr wohl das Kalziumkarbonat, aus dem Perlen im Wesentlichen bestehen, auflösen könne, etwa wenn diese vorher zerstoßen werden oder der Auflösungsprozess sich über längere Zeit hinzieht. Plinius, so Ullman, habe die Geschichte zwar ein wenig zugespitzt – mutmaßlich sei sie aber im Kern wahr.

Alle Texte in GEO*EPOCHE* werden vom GEO-eigenen Quality Board einem Faktencheck unterzogen

DIE GROßE WELT IN DEINEM VIERTEL

Entdecke und genieße bei Eat the World genau das, worauf du Lust hast. Ob kulinarische Highlights, historische Entdeckungen oder spannende Rätsel – wir haben die perfekte Tour für dich.

eat-the-world.com

Vorschau

BAUERNKRIEG

1524–1526

Um 1525 protestieren Zehntausende Bauern, aber auch Handwerker und Städter im Südwesten des heutigen Deutschlands und in angrenzenden Regionen gegen die Obrigkeit. Beflügelt von der noch jungen Reformation, fordern sie vor allem die freie Wahl ihrer Pfarrer, ein Ende der Leibeigenschaft und die Rückgabe altangestammter Rechte etwa auf Jagd und Fischfang, die ihnen die Herrschenden entzogen haben. Doch als sie in den Burgen, Klöstern und Schlössern niemand erhört, greifen sie zu den Waffen. In seiner nächsten Ausgabe erzählt GEO*EPOCHE* die Geschichte des Bauernkriegs, der ersten großen sozialen Erhebung in deutschen Landen

DIE SCHLACHTEN des Bauernkriegs forden zahllose Opfer (Ausschnitt aus Werner Tübke, »Frühbürgerliche Revolution in Deutschland«, 1976–1987)